Dal i Sbecian
Dros fy Sbectol

John Roberts Williams

Gwasg Gwynedd

Argraffiad Cyntaf — Tachwedd 1999

© John Roberts Williams 1999

ISBN 0 86074 162 1

Cedwir pob hawl. Ni chaniateir atgynhyrchu unrhyw ran o'r cyhoeddiad hwn na'i gadw mewn cyfundrefn adferadwy na'i drosglwyddo mewn unrhyw ddull na thrwy unrhyw gyfrwng electronig, electrostatig, tâp magnetig, mecanyddol, ffotogopïo, nac fel arall, heb ganiatâd ymlaen llaw gan y cyhoeddwyr Gwasg Gwynedd, Caernarfon.

Cyhoeddwyd ac Argraffwyd gan Wasg Gwynedd, Caernarfon.

ER COF AM
GUTO ROBERTS

CYFLWYNIAD

Darlledodd John Roberts Williams ei sgwrs radio gyntaf yn y gyfres *Dros fy Sbectol* ar y Nos Wener, Ionawr 7fed 1977 a dyma'r chweched detholiad o'i sgyrsiau.

Fy niweddar ŵr, Guto Roberts, a'i darbwyllodd — a'i gorfododd i fod yn fanwl gywir — i ganiatáu cyhoeddi'r pum detholiad blaenorol.

Dymuniad yr awdur yw cyflwyno'r gyfrol hon er cof am Guto, ac ystyriaf hyn yn fraint o'r mwyaf. John Roberts Williams, yn ôl ei arfer, a ddetholodd y sgyrsiau, ond y tro hwn, a'r milflwyddiant presennol yn dirwyn i ben, teimlai mai da o beth fyddai cynnwys sgwrs i gynrychioli pob un o'r pum cyfrol flaenorol.

Un sgwrs a ddewisodd ef ei hun gan roi'r dasg o ddewis pedair o blith y dau gant a thair a thrigain arall i mi. Dyna un o'r tasgau anoddaf a gefais erioed am fod cymaint o berlau a thrysorau ynddynt. Yr unig gysur yw fod y rheini ar gof a chadw yn y cyfrolau a gyhoeddwyd eisoes.

Diolch i Robin Griffith am y llun ar y clawr, i'r BBC ac i Wasg Gwynedd.

MARIAN E. ROBERTS
Tachwedd 1999

CYNNWYS

Hen Weledydd	11
Y Sais Cymreig	14
Atgofion	16
Dyma'r Newyddion	19
Cymro Mawr America	21
Golud Bro	24
Pictiwrs	27
Cof am Gladstone	30
Y Bleidlais Well?	32
Y Ddwy Iaith	35
Diana	38
Y Noson Fawr	41
Cefndir Ulster	43
Emynau'r Llan	46
Cariad at Ryfel	49
Hen Galedi	52
Carreg Filltir	54
Plant y Bardd	57
Colli Tri	59
Enid Parry	62
Y Byd Newydd	64
Yr Ergyd	67
Cyfamod Disigl	70
Dathliad — a'r Newid	73
Gair Neu Ddau	76
Y Canlyniad Rhyfeddol	78
Jarffio	87

Duw a Duwiau	89
Drama Dair Act	92
Problemau	95
Cân Heb Ddiwedd Byth	98
Dau Freuddwyd	101
Bwrdd Iaith	104
Papur Newydd	107
Gornest	110
'Fo'	112
Yn y Glorian	115
Y Newid Byd	118
Pwll Diwaelod	121
Genesis	124
Camau Gwag	127
Y Tatws—A'r Senedd	130
Annwyl Syr	133
Hel Meddyliau	135

Gadael Tir	140
Mae Dydd y Farn...	144
Tragwyddoldeb	148
Crocodeil	152
Gwlad y Galon	157

HEN WELEDYDD
1 Mehefin 1996

Un o golofnau mawr yr hen ganrif oedd R. J. Derfel, er mai Gwenallt oedd un o'r ychydig a'i cofiodd ac a gyhoeddodd ddetholiadau o'i ysgrifau. Ond nid yn unig dyma'r cyntaf i hyrwyddo sosialaeth yn y Gymraeg ond hefyd dyma genedlaetholwr clir iawn ei welediad. Robert Jones oedd ei enw, ond roedd o am ei Gymreigio — fel y gwneir hyd ddryswch heddiw — a phan oedd o'n drafeiliwr i gwmni busnes, ac yn bregethwr Batus ym Manceinion, fe sefydlodd gymdeithas lenyddol o bedwar aelod — Ceiriog, Creuddynfab, Idris Fychan ac yntau, gyda'i gyfenw Cymreig newydd Derfel yn lle ac ar ôl y Jones, ac fel R. J. Derfel y cofir amdano. Sosialydd, Cristion, cenedlaetholwr, er i Gristnogaeth ymsigo. Llandderfel ym Meirionnydd oedd ei gynefin cynnar.

Fe ddadleuodd dros sefydlu i Gymru ei phrifysgol a'i llyfrgell a'i hamgueddfa genedlaethol ynghyd ag arsyllfa genedlaethol. Ac fe alwodd am sefydlu rhywbeth arall sy'n agos iawn at fy nghalon i, sef papur dyddiol Cymraeg cenedlaethol. Ar y pryd buasai hynny'n fenter fawr iawn. Ar wahân i'r cynhyrchu buasai'r dosbarthu'n sialens anorchfygol bron. Erbyn heddiw, heb dechneg y metel poeth na phroblem dosbarthu, byddai'r antur yn un anhraethol haws.

Gyda'r chwyldro technegol a'r cyfrifiaduron ac ati

mae'n haws fyth heddiw cael y newyddion ar y setiau yn y tŷ yn Gymraeg, ond y cyfan y medrid ei wneud yma ydyw croniclo'r ffeithiau moel — rhoi i ni'r esgyrn sychion heb y cig a'r gwaed. Mae ar genedl sy'n gyflawn angen mwy na hynny — mae angen barn a thrafodaeth ac arweiniad gyda llwyfan i bob llais a'r cyfle i adolygu pob agwedd o'n diwylliant a'n diwydiant. Heb bapur dyddiol dydyn ni ddim yn genedl gyfan.

Ac wrth y rhai sy'n dal i gredu bod y fenter yn un rhy fawr, fe ddeuda i nad oedd y fenter lawer mwy o sefydlu gwasanaeth teledu Cymraeg i'r genedl yn rhy fawr. Mi wn i o brofiad na lwyddodd Teledu Cymru yn fasnachol, ac mi wn i pam hefyd — ond fe drowyd breuddwyd clodwiw gan bobol dda iawn yn ffaith, pa mor fyrhoedlog bynnag, gan ledio'r ffordd at sefydlu S4C.

Ond i ddychwelyd at R. J. Derfel. Roedd ganddo hefyd freuddwydion diddorol ond annerbyniol, megis gosod Robert Owen y Sosialydd yn nawddsant Cymru yn lle Dewi. Ddaeth yna ddim mwy o hynny nag a ddeuai o geisio disodli Dewi i roi lle i Rhodri Morgan, dyweder, yn nawddsant am i Lafur roi rhyw fath o Senedd i Gymru.

Roedd gan R. J. Derfel ei gynlluniau ei hun ar gyfer yr Eisteddfod Genedlaethol hefyd. Un oedd y dylid dileu pob cystadleuaeth yn y Brifwyl. Sy'n codi pob math o gwestiynau — ac sy'n dod â mi hefyd, o'r diwedd, at Brifwyl yr Urdd y gwnes fy mhererindod flynyddol iddi ganol yr wythnos. Atyniad ychwanegol oedd bod y ddwy wyres fach, sy'n aelodau o'r Aelwyd fechan yng Nghaerdydd, yn cystadlu mewn parti cydadrodd a dau gôr — heb fawr o siawns yn erbyn y cystadleuwyr sy'n dod o'r ysgolion ac yn medru ennill popeth bron. Ac mi gadwodd y ddwy eu record achos, fel y llynedd a'-

flwyddyn cynt a phob blwyddyn arall, welson nhw mo'r llwyfan.

Roedd yr hynaf o'r ddwy fach yn derbyn dedfryd y beirniaid yn athronyddol, ond yr ieuengaf — a'r fwyaf tymhestlog — yn argyhoeddedig bod y côr bach cystal onid gwell na'r un côr bach fu ar unrhyw lwyfan erioed. Fedra i ddim deud oedd hi'n rhagfarnllyd ond pe bai R. J. Derfel a minnau'n beirniadu yn y rhagbrofion fe fyddai pob un o'r corau ar y llwyfan.

Doedd y wyres fach ddim yn barod i ychwanegu bod y parti cydadrodd hefyd wedi cael cam. Fu gen i erioed ormod i'w ddeud wrth gorau adrodd ac fe ymddengys nad fi'n unig sy'n anesmwytho. Achos mae'r gair *adrodd* wedi gorfod symud i wneud lle i *llefaru*. Ond adrodd maen nhw o hyd.

Bellach aeth Prifwyl yr Urdd yn antur fawr iawn sy'n costio wyth gant a hanner o filoedd a chost o filiwn ar y gorwel. Fe ystyrir y dylid ei chynnal mewn un, dau, tri neu bedwar safle sefydlog gan arbed cannoedd o filoedd. Bydd angen pwyll cyn penderfynu ar hyn am fod apêl leol a gwerth gŵyl symudol mor sylweddol. Eleni, er enghraifft, gallasai bro Maelor arbed arian mawr trwy ddefnyddio cyfleusterau Eisteddfod Gydwladol Llangollen. Ond mor fawr yr ymlyniadau lleol nes penderfynu yn erbyn, er agosed ydi'r fan.

A fedra innau, cyn tewi, ddim gwrthsefyll y demtasiwn i nodi fod yna gannoedd ar gannoedd o ieuenctid ar faes ac ym mhafiliwn Prifwyl yr Urdd yr wythnos yma. A dim sôn am godi bar ar eu cyfer — na galwad amdano chwaith.

Y SAIS CYMREIG
13 Gorffennaf 1996

Gŵyl Gydwladol Llangollen yn mynd â mi'n ôl hanner can mlynedd union pan oeddwn yno ar yr wythnos wlawog pryd y cynhaliwyd yr ŵyl betrus gyntaf a'r cof yn mynd â mi dros y deuddeng milltir sydd rhwng y dref a Chroesoswallt, a 'ngorffennol innau pan ddaeth y newydd am farw Eric L. Thomas y bûm yn was iddo pan oeddwn yn olygydd *Y Cymro*, megis y bûm i'w dad, Rowland Thomas, o'i flaen.

Pan ymunais i gyntaf â'r papur, Woodall, Minshall and Thomas oedd teitlau'r drindod a enwid yn berchnogion y wasg a'r papur Cymraeg, ynghyd â'r *Border Counties Advertizer,* sylfaen y wasg, a'r *Montgomeryshire Express* a'r *Wrexham Leader* diweddarach. Argreffid y cyfan yng Nghroesoswallt, union dros y ffordd i stesion y relwe a fu unwaith yn bencadlys lein y Cambrian.

Ond o hen drindod y perchnogion dim ond y Thomas oedd ar ôl a'i eiddo personol, fwy na heb, oedd yr holl bapurau. Yn frodor o Groesoswallt, yn flaenor ac organydd yn y capel Presbyteraidd Saesneg ac yn berchennog Jaguar, fedra fo 'run gair o Gymraeg. Cyfeiriai bob amser at y Blaid Genedlaethol fel, *the Blaidd* — a'm temtiodd innnau i greu'r Blaidd Cenedlaethol yn gymeriad mewn colofn rhwng difri a chwarae yn *Y Cymro.*

Ond roedd gan Rowland Thomas ryw ddiddordeb rhyfedd yn y Gymraeg ac yr oedd ei briod yn Gymraes loyw o Fôn. Nid yn unig fe brynodd hen wasg Hughes a'i Fab ond penderfynodd sefydlu papur wythnosol cenedlaethol Cymraeg. Ffansïodd *Y Cymro* yn deitl — enw papur a sefydlwyd yn Nolgellau i ymladd *Y Goleuad* wedi rhwyg yn yr Hen Gorff, ac fe'i prynodd. Eisoes yn Nhachwedd 1931 roedd wedi cychwyn argraffu'r *Ford Gron* llwyddiannus yn swyddfa Hughes a'i Fab — cylchgrawn gyda'r gorau un a sefydlodd John Eilian ac a'i gwerthodd i Rowland Thomas cyn symud i Wrecsam o Lundain i osod sylfeini a golygu'r papur newydd cenedlaethol newydd oedd i'w gyhoeddi mewn da bryd o flaen Prifwyl 1933, a oedd, yn gyfleus, yn Wrecsam. Ac felly y daeth *Y Cymro* a'r *Ford Gron* i'r un gwely ac yn un papur yn y diwedd. A phan es i gyntaf yn is-olygydd i'r *Cymro* cyn y rhyfel i Groesoswallt, hen dref Wilfred Owen, Walford Davies, Wiliam Llŷn a Gwilym Lleyn, sy'n Gymreiciach na'r rhelyw o drefi Cymreig y gororau, roedd John Eilian wedi ymadael a Rowland Thomas newydd brynu *Y Brython*, Lerpwl am ganpunt a'i uno â'r *Cymro*. Einion Evans o deulu hen berchnogion *Y Cymro* yn Nolgellau oedd y golygydd trefnus tros ben nes cael ei alw i'r Llu Awyr pan dorrodd y rhyfel.

Dyn yn gweithio efo'i reddfau oedd Rowland Thomas. Cofiaf Eric, y mab, yn deud wrthyf, 'Welais i rioed mo 'nhad yn darllen llyfr'. Yn y bôn ymddiddorai'n bennaf yn yr hysbysebion gan fod y rheiny'n talu. Gofalai hefyd fod gan bob papur glwb plant sylweddol i ddiogelu'r dyfodol. Yn wir, yn ôl a ddywedodd o'i hun wrtha i unwaith ei syniad o oedd Urdd Gobaith Cymru Fach. Roedd Hughes a'i Fab yn argraffu a chyhoeddi *Cymru'r Plant* a chylchrediad hwnnw'n gostwng. Felly, meddai, dyma berswadio Ifan ab Owen Edwards i sefydlu clwb plant cenedlaethol — ac fe sefydlodd yntau'r Urdd.

Fel ei dad, fedrai Eric Thomas ddim Cymraeg ond, ei briod yntau'n Gymraes — o Aberystwyth lle y graddiodd yn y gyfraith cyn cael ei alw i'r Lluoedd. Wedi'r rhyfel daeth i'r swyddfa bapur newydd yng Nghroesoswallt a fo a etifeddodd yr holl fusnes a'i ddatblygu. Roedd o'n fwy o gymeriad na'i dad, ond hefyd yn ddyn busnes a fu'n llaw dde i Haydn Williams pan sefydlwyd Teledu Cymru ac ar ei gais y deuthum i'n olygydd newyddion y fenter fawr honno na lwyddodd oherwydd ei chyfyngiadau. Eric a gafodd y dasg drist a dyrys o gynnal y gwasanaeth angladdol. Ond parhaodd i ddatblygu papurau gan gefnu ar y metel poeth, cau Croesoswallt, agor gyda'r dechnoleg ddiweddar yn Yr Wyddgrug, sefydlu papur gyda'r nos, a'i ferch Patsy yn cadw'r cysylltiad wedi iddo ymddeol. Ac yno mae'r holl dechnoleg at gyhoeddi papur newydd dyddiol Cymraeg ar gael — yr hyn sydd ar ôl ydi Cymry sy mor fentrus ag y bu Rowland ac Eric Thomas.

ATGOFION

3 Awst 1996

Mae hi'n Steddfod am unwaith eto, ond rhaid imi adrodd stori fach cyn cyfeirio at Brifwyl hanner can mlynedd yn ôl, a hanner can mlynedd cyn hynny.

Bron ar daro hanner dydd y Sul diwethaf oedd hi. Cnoc ar y drws. Roedd yno ddwy wraig a gamgymerais ar y cip cyntaf am Dystion Jehofa cenhadol cyn i mi sylweddoli pwy oeddan nhw. Dwy chwaer — Eva a Mari a ddaeth efo'u brawd Freddie o Lerpwl adeg y rhyfel yn blant cadw yn Eifionydd heb fod yn gwybod yr un dim am Gymru nac wedi clywed bod 'na'r fath iaith â'r Gymraeg. Aeth Eva, yr hynaf, i Bencaenewydd at Mrs Williams, gweddw

Morris Williams a fu'n ysgolfeistr yn y Ffôr gyfagos — teulu a gofiwn yn dda gan mai dyma bentref fy mhlentyndod.

Aeth Freddie a'i chwaer fach Mari at Mr a Mrs Eliseus Williams i'r Geufron yng ngolwg ysgol Llangybi, lle'r oedd Eliseus — Seus oedd â'r un enw ag Eifion Wyn, ac yn perthyn iddo — yn ysgolfeistr, a'i briod, Miss Jôs i ni gynt, yn ysgolfeistres Llangybi o'i flaen — ysgol lle ces fy holl ardderchog addysg gynradd. Ymwelydd cyson â'r Geufron, a chydnabyddus â Mari a Freddie, oedd Williams Parry a fu'n cadw dosbarth nos yn yr ysgol ac a arhosodd yn ffrind mawr i Seus — ac i Eifionydd. Ydach chi'n cofio ei gerdd i'r 'fro rhwng môr a mynydd'?

Fe ddaeth Eva a Mari a Freddie yn rhan o'r gymdeithas ac yn rhugl eu Cymraeg. A hyd heddiw fe erys Eva yn yr un tŷ ym Mhencaenwydd, yn briod, a'i Chymraeg cystal ag a gewch chi yn Eifionydd, lle na cheir ei well. A hi a Mari ei chwaer a gurodd wrth fy nrws amser cinio dydd Sul. A beth am Mari? Ar derfyn y rhyfel, hanner can mlynedd yn ôl, fe ddychwelodd at ei theulu yn Lerpwl ac yno y bu hi, ond nid gan anghofio ei Chymraeg, er nad yw cystal â chynt, nac anghofio'r cartref a'r croeso a gafodd yn Eifionydd, gan gyson ymweld â'i hen fro.

Yn y cyfamser bu Seus farw ond daliodd ei briod ati gan ddychwelyd i'w Llŷn enedigol a threulio ei dyddiau olaf yng nghartre'r henoed yn Nefyn, lle bu farw ar drothwy ei phen-blwydd yn gant oed. Fedra i byth ddeud digon am ei medr hi i 'ngosod i ar ben fy ffordd, ond fe gofiodd Mari hefyd am ei hen groeso. Ac wedi treigl yr holl flynyddoedd fe symudodd i godi cronfa fach i goffáu'r hen ffrind a'i llochesodd rhag y bomiau, a chafodd help ei chwaer Eva. A dyna oedd ei neges hi ac Eva ganol dydd Sul — dod i ddangos sut y cofféir. Gyda'r gronfa roedd wedi sicrhau ffotograff mawr godidog mewn lliw wedi ei fframio o Lôn Goed enwog Eifionydd gyda'r arysgrif dano i'w osod yng nghartre'r henoed yn Nefyn er cof amdani, a'r tua dau gan punt oedd wrth gefn i fynd ar gyfer y deiliaid yn y cartref.

Gweithred fach gariadlawn ond un — yn y byd o drais sy o'n cwmpas ni — megis llafn o oleuni yn y tywyllwch. A stori na fedra i beidio â'i deud hi wrtha chi pe na bai ond am fod bron pob stori arall ar y cyfryngau am ddrygioni didosturi hyn o fyd.

A beth am Freddie? Fe arhosodd o yn Eifionydd am rai blynyddoedd wedi'r rhyfel, ond pan oedd o'n dal yn yr ysgol yn Llangybi mi wnes i, efo Geoff Charles, ffilm gyda'r teitl 'Yr Etifeddiaeth' i ddangos i'r bachgen bach tywyll yma yr etifeddiaeth hanesyddol a diwylliannol y daeth yn rhan ohoni yn Llŷn ac Eifionydd. Ffilm sydd erbyn hyn — trwy lwc yn fwy na dim arall — yn aros yn record o gyfnod ac o fywyd a brysur chwyldrôdd yn y cilcyn yma o'n daear yn y blynyddoedd wedi i Freddie ddychwelyd at ei deulu yn Lerpwl, lle mae o heddiw'n ymddeoledig daid.

Sy'n gadael fawr ar ôl i'ch atgoffa chi am y Brifwyl — a'ch atgoffa mai mewn neuadd yn Aberpennar roedd hi hanner canrif yn ôl a 'mod innau yno fel yr oedd un Elisabeth o Windsor yn aelod o'r Orsedd ac yn dal yn Dywysoges Cymru. A'ch atgoffa chi hefyd mai yn Llandudno roedd y Brifwyl gan mlynedd i eleni ar haf digawod a sychodd Afon Clwyd. Yn y Steddfod honno bu'n rhaid gohirio seremoni'r cadeirio am hydoedd i ddisgwyl i'r llywydd di-Gymraeg, Syr Watkin Williams Wynn, orffen ei ginio a chyrraedd y maes. Ma' 'na gryn newid, yn does!

DYMA'R NEWYDDION
7 Medi 1996

Yn yr hen ddyddiau, cyn y rhyfel a chyn bod teledu a llawer pla arall, a phan oedd y papur newydd yn cyfri, roedd y *Daily Express*, a Beaverbrook y tu ôl iddo, yn ledio'r ffordd — ac yn crogi ar stribed uwchben ei ystafell newyddion roedd yna ddau gwestiwn newyddiadurol sylfaenol, sef 'Ydio'n bwysig?' ac 'Ydio'n ddiddorol?'. Mae'r byd wedi newid, yntydi, gyda'r *Express* bellach yn gynffon nid yn ben i'r wasg a'r papurau newydd yn gorfod cystadlu â chyflymdra, ond nid dyfnder, y newyddion radio a theledu. A'r wasg boblogaidd wrth ymladd am ei heinioes yn gorfod newid trefn hen sloganau'r *Express* dadfeiliedig trwy holi'n gyntaf, 'Ydio'n ddiddorol?' ac wedyn, 'Ydio'n bwysig?'.

Newydd pwysica'r wythnos, beth bynnag am y mwyaf diddorol, yn cyrraedd nid yn y papurau ond ar y radio a'r teledu fore Mawrth a phobol fel fi, a chitha o bosib, yn cael ei glywed gyntaf yn Gymraeg ar Radio Cymru — y newydd am ymosodiad America Bill Clinton ar Irac Saddam Hussein. A gwasanaeth newyddion Radio Cymru'n medru gwneud mwy na hynny. Dros y blynyddoedd mae wedi medru datblygu rhwydwaith o gysylltiadau drwy'r byd gan ddod o hyd i Gymry Cymraeg llafar yn y mannau mwyaf diarffordd ynghyd ag arbenigwyr ar bob pwnc i ymhelaethu o'r fan a'r lle ar gefndir y newyddion.

Ond i roi lliw ar y newyddion am fomio Irac, doedd hi ddim yn rhaid symud o Gymru gan fod Ann Clwyd ar gael, a hithau'n gwybod cymaint â neb am erchyllterau Saddam Hussein ac yn bersonol gyfarwydd â'r tiroedd sydd ar gyrion Irac a'r bobol sy yno dan orthrwm. Yn wir, roedd hi ar Radio Cymru wythnos ynghynt yn rhybuddio llywodraeth Prydain o'r sefyllfa — llywodraeth na wnaeth un dim i helpu, dim ond amenio ymosodiad yr Americanwyr pan ddaeth. A ble mae'r Cenhedloedd Unedig bondigrybwyll — onid y nhw a ddylai ledio'r ffordd? Haws holi hyn na chael ateb. A be ydi'r cam nesaf, a pha mor effeithiol ydi bomiau a gwaharddiadau? Mae Saddam yn dal ar ei orsedd ac mae Irac yn dal ymhell o bobman a'r gefnogaeth gydwladol i fomiau'r Americanwyr yn hynod lugoer a deud y lleiaf. A be nesaf? Fedr neb ddeud. Achos dylid cofio nad ydi bomiau yn datrys problemau ond yn medru lladd brodorion diniwed yn Irac tra bo Saddam yn ddihangol o'u cyrraedd yn ei balas.

A daw'r bomio yma â fi'n ôl at newydd mawr arall yr wythnos, sef bod llywodraeth Prydain yn barod i wario miloedd ar filoedd o filynau o bunnau ar ddatblygu a chynhyrchu (*adeiladu* ddywedai Radio Cymru) awyren ryfel a fedr fomio'n well na'r un arall a fu. Rhyw fath anwar o ffordd, gyda chydweithrediad partneriaid Ewropeaidd, i groesawu'r ganrif nesaf gan greu pedair mil ar ddeg o swyddi Prydeinig. Mae arnom angen gwaith — ond ai trwy dywallt i bwll diwaelod, diffaith gyfoeth y wlad ar awyrennau rhyfel mae sicrhau hynny ar draul cyllid a ddylasai fynd ar addysg, iechyd, pensiynau, ac ati? A phan ddaw'r gwaith i ben ble bydd y pedair mil ar ddeg? Ar y clwt. Oni welsom ni hyn oll yn Nyfed — ym Mreudeth, yn Nhrecŵn, ac ym Môn hefyd?

Gan ddal i sôn am waith. Cwmni o'r Eidal, nid antur o Brydain, sy'n sefydlu gwaith i ddau gant i gynhyrchu batris yn Ne Cymru sy'n diwydiannol ymdebygu fwyfwy i Gynghrair y Cenhedloedd. Ac os oes yna ehangu ar waith yng Nghlwyd, pwy sy'n gwahodd *'Come to Wales — the sweat-shop of Europe'* i Wynedd dlawd lle mae peth datblygu ym Môn heb adael i'r gweddill, o'r gorllewin, fawr mwy i'w wneud na dadlau'n ansylweddol dros ac yn erbyn y melinau gwynt sy'n ysgwyd eu breichiau fel rhyw gewri ar gribau'r bryniau heb ddod â gwaith i neb, os ydyn nhw'n osgoi llygredd?

A phwt o ôl-nodyn: wythnos yn ôl roeddwn i'n methu rhoi marciau llawn am raglen radio Sabothol ar y frenhiniaeth. Ond, fore Sul diwethaf, 'Dal Pen Rheswm' efo Vaughan Hughes yn cynhyrchu chwip o raglen ar gyfraith a threfn a'r carchardai a'r carcharorion arbennig ynghyd â gwir arbenigwyr profiadol gyda barn sylweddol ar y cwestiwn dyrys — ai carchar, a sut garchar, ydi'r ateb i'r trais sydd yn y gymdeithas? Deg allan o ddeg y tro yma.

CYMRO MAWR AMERICA
9 Tachwedd, 1996

Doedd canlyniad dwy bleidlais yr wythnos yn ddim syndod o gwbl. Erbyn hyn mae Clinton yn parhau'n Arlywydd Unol Daleithiau America am ei ail dymor. Ac yma a ddylswn i holi — yn wleidyddol fyd-eang ai dyma flynyddoedd y corachod?

Ac wedi i Ddwyfor golli'r dydd, diolch i Wynedd, bydd pob tafarn yng Nghymru a'i drysau'n agored led y pen ddydd Sul (wel, pob un ond y Vic yn Llithfaen hyd y gwn i) am y tro cyntaf ers cant a phymtheg o flynyddoedd. Ac wele bennod arall o hanes hen ymneilltuaeth a radicaliaeth Cymru'n dirwyn i ben. Ac mi fodlonaf i ar wneud dim mwy na holi a ydi cymdeithas Llŷn ac Eifionydd, a safodd hyd y diwedd, wedi'i chyfoethogi mewn unrhyw fodd o ganlyniad i'r penderfyniad.

Ac mi drof at bleidlais arall yn America bedwar ugain mlynedd union yn ôl — 1916, pan fu ond y dim i Gymro oedd a'i dadau o Ynys Môn gael ei ethol yn Arlywydd Unol Daleithiau America. Mi fedra i adrodd hanes y gŵr hwnnw, ond rydw i wedi methu'n lân ag olrhain hanes ei rieni a ymfudodd i America o Ynys Môn — rhieni o'r un teulu â'r Parchedig Hywel Harris Hughes a fu'n brifathro Coleg Diwinyddol Aberystwyth a J.R. Lloyd Hughes a fu'n olygydd y *Cymro* yn union o fy mlaen i, ac un a adnabûm yn dda iawn.

Roedd y ddau frawd, Hywel a JR, yn hynod o debyg i'w gilydd o ran pryd a gwedd, a Hywel yn weinidog yng Nghaernarfon pan oedd JR yno'n newyddiadurwr yn swyddfa'r *Herald* yn yr un cyfnod â T. Gwynn Jones, Dic Tryfan, William Eames ac Anthropos, a bu llawer tro trwstan pan gamgymerwyd un brawd am y llall. Un o'r cofis, fel enghraifft, yn brolio fod y gweinidog wedi talu am beint iddo yn y Mona — ond ei frawd oedd wedi gwneud.

Fe ddeuai'r teulu o Frynteg ger Benllech ar Ynys Môn ac roedd gan y pentref hwnnw eisoes ryw fath o gysylltiad

Americanaidd gan mai Califfornia oedd, ac ydi, ei enw poblogaidd am mai dyna enw'r dafarn leol. A rhywdro tua chanol y ganrif ddiwethaf mi ymfudodd hynafiaid i Hywel a JR o Frynteg i America. Pe bawn i wedi holi JR mi fuasai'r stori'n gyflawn gen i, ond wnes i ddim. Felly y cyfan a wn i i sicrwydd ydi mai dyma rieni Charles Evans Hughes a aned yn Glens Falls, Efrog Newydd ar Ebrill 11, 1862. Ac mi fedra i adrodd ei stori o.

Yn 1862 yr oedd yna filoedd o Gymry wedi ymfudo i America ac ugeiniau o eglwysi Cymraeg wedi codi gydag ambell fro lle'r oedd yno fwy o Gymraeg nag o Saesneg. Felly mae'n rhesymol credu i Charles gael ei fagu'n Gymro Cymraeg — ond fy nghred yn unig ydi hyn.

Ac at y ffeithiau. Addysgwyd Charles Evans Hughes ym Mhrifysgol Brown ac Ysgol y Gyfraith Prifysgol Columbia. Daeth yn gownsler ac yn amlwg yn 1905 pan gynrychiolodd Efrog Newydd mewn ymchwiliad i sgandalau yn y byd nwy ac yswiriant, ac oherwydd ei effeithiolrwydd yn ymchwilio i lygredd — oedd, roedd hynny yn ffynnu bryd hynny hefyd — fe'i hetholwyd yn Llywodraethwr Efrog Newydd. Llwyddodd i sicrhau deddfau yn rheoli'r gamblo ar rasys ceffylau a rhoddodd gychwyn i'r dasg o ad-drefnu llywodraeth y dalaith.

Fel canlyniad fe'i penodwyd yn Aelod Cyswllt *(Associate)* o Uchel Lys yr Unol Daleithiau yn 1910 a chwe blynedd yn ddiweddarach ymddiswyddodd i redeg tros y Gweriniaethwyr am Arlywyddiaeth America yn erbyn y Democrat, Woodrow Wilson. Nid yn unig bu ond y dim iddo ennill ond mi aeth adref o'r cyfrif gan gredu ei fod wedi ennill. Yn anffodus, ar y funud olaf, cafwyd bod pecyn ychwanegol o bleidleisiau a chollodd y Cymro o drwch blewyn.

Pe buasai wedi gorchfygu Woodrow Wilson mi fuasai yna dri Chymro yn siarad Cymraeg â'i gilydd mae'n siŵr yn y gynhadledd heddwch yn Versaille, sef Lloyd George, Billy Hughes, Prif Weinidog Awstralia a Charles Evans Hughes, Arlywydd America.

Ond ddaeth gyrfa Charles Evans Hughes ddim i ben. Daeth yn Ysgrifennydd Gwladol America o 1921 hyd 1925. Llywyddodd Gynhadledd Forwrol Washington i drafod lleihau arfau rhyfel yn 1921 a rhoddodd gychwyn i Gynllun Dawes i ryddhau'r Almaen o'r baich dyledion a'i llethodd wedi'r rhyfel cyntaf. Yn 1928 arweiniodd y ddirprwyaeth Americanaidd yng Nghynhadledd Pan America a'r un flwyddyn daeth yn Farnwr yn Llys y Byd. Bu'n Uchel Farnwr Unol Daleithiau America o 1930 hyd 1941. Bu farw yn 1948.

Dipyn o foi a Chymro arall a ddaeth yn ail.

GOLUD BRO
14 Rhagfyr 1996

Pe bawn i'n canolbwyntio ar Brydain yr wythnos yma fe fuasai'n rhaid i mi lynu wrth hynt ac yn arbennig helynt ei llywodraeth. Ddydd Sul wele'r Prif Weinidog yn cael ei holi'n weddol galed ar y teledu a'i atebion yn hawlio marciau uchel. Ond, wedi iddo bron â'n hargyhoeddi nad oes yna broblemau difrifol y tu mewn i lywodraeth na'r wlad, ac nad ydi'r arolygon barn i ddibynnu arnyn nhw o gwbwl, wele'r holl sioe yn cael ei dymchwel gan ddigamsyniol lais y wlad yn yr is-etholiad ddydd Iau gan ddarogan yn groyw fod einioes y llywodraeth Dorïaidd yn tawel ddirwyn i ben a dim ond yr angladd i'w ddisgwyl yn y flwyddyn newydd.

Gan hynny canolbwyntio ar bethau agosach at fy nghalon wna i — ar fy henfro, ar fy hen athro. Ar Eifionydd ac ar Syr Thomas Parry. Ac ar ddwy gyfrol newyddanedig.

Ac mi ragymadroddaf fymryn cyn cyrraedd cyfrol wasgarog Robin Williams, *O Gwr y Lôn Goed,* gan i mi wrth synfyfyrio uwch ei phen ddechrau sylweddoli pa mor freintiedig y bu'r fro rhwng môr a mynydd — bro Eifionydd. Dyna i chi ei tho o feirdd yn y ganrif ddiwethaf. Mae Robin yn cyflwyno bywgraffiad byr o chwech ohonyn nhw gan gyfeirio at ychwaneg. Ac wedi enwi bardd go lew fel yr hynafiaethydd Ellis Owen o Gefn-y-meysydd, lle ganed fy nhad, gallasai fod hefyd wedi ychwanegu Ioan Madog, eithaf bardd ac, fel Robin, yn eithriadol fedrus efo'i ddwylo yn ei efail gof ar gwr cei Porthmadog pan oedd yn y fan honno fforest o fastiau yn yr harbwr, a lle bu gan Ioan Madog lu o ddyfeisiadau diddorol.

Mae Robin yn sôn am Cybi a adnabûm yn dda — fo oedd ein postman ni. Dyma'r olaf o draddodiad barddol gwerinol Eifionydd, llawn chwe throedfedd o daldra ond gyda'r lleiaf o'r beirdd, siŵr gen i. Eto fe gasglodd ac fe ddiogelodd hanes beirdd gwerin a chymeriadau gwledig ei fro. Fel y bu Myrddin Fardd yn dyfal gasglu trysorau, straeon a'n geiriau gan gynnwys arysgrifau y cerrig beddau — ac Emrys Jones a John Kidd ac eraill yn ei ddilyn. A dyna Colin Gresham gyda'i glamp o anhygoel gyfrol yn olrhain hanes ac achau pob fferm yn y cwmwd — enfawr gymwynas na wnaed â phrin gwmwd arall. Ar ben hyn dyna glasur Gruffudd Parry, *Crwydro Llŷn ac Eifionydd.* Ar y funud mae Guto Roberts dros hanner ffordd ar ei gyfrol ddiweddaraf am y fro — un sydd am fynd â ni i bob twll a chornel — yr hanes a'r ffraethineb. Ac o sôn am ffraethineb beth am y bartneriaeth gofiadwy boblogaidd rhwng y rhyfeddol Wil Sam a Stewart Jones ac Ifas y Tryc. I liniaru peth ar archoll ddofn iawn y mewnlifiad mae'r cartrefol bapur bro *Y Ffynnon* yn help i warchod yr etifeddiaeth gyda haneswyr gwerthfawr fel Dewi Williams yn dal i ffynnu. Ychwanegwch at y cyfan ddoniau teulu Robin ei hun. Fu yna erioed fro mor ffodus?

Mae popeth sydd yng nghyfrol Robin a'i apêl arbennig iawn ata i — o gymeriadau fy hoffus fro, a phan mae'n troi at wledydd a phobol eraill mae'n dal i droi efo fy hoffterau innau. At yr Eidal, yr oreuwlad wedi Cymru, ac at bedwar o'm harwyr pennaf — Williams Parry, Parry-Williams, O. M. Edwards a Phantycelyn.

Dyma droi at *Amryw Bethau,* clasur o gyfrol fawr y flwyddyn y mae'n rhyfygus gwneud mwy na chyfeirio ati hi mewn sgwrs fel hon — deg ar hugain o ysgrifau a darlithoedd gan fy arwr mawr arall, Syr Thomas Parry, yn ymdrin â'n beirdd a'n llenorion a'n haneswyr mawr. Roedd y croeso a roddwyd i'r gyfrol yn y cwrdd cyhoeddi yn Neuadd Bowys orlawn Coleg Bangor yn ymylu ar y gorfoleddus. A'r fath gynulliad — pob aelod wedi ei ddethol. Y llywydd dihafal Gwyn Thomas, Geraint Gruffydd, David Jenkins, Enid Parry, Emlyn Evans yn gyfrifol am y cyhoeddi, Derec Llwyd Morgan, Gruffudd Parry, Lleisiau Bro Ogwen, Rhian Roberts, Côr Adrodd Tre-garth a Rhiannon Evans. Pe taniai penboethyn fom yn y neuadd buasai yno gyflafan a gofid tra bo amser. Roedd gwiw foes ac anadl einioes y genedl yno.

Yn y gyfrol ceir agweddau Syr Thomas ar amrywiaeth

o weithiau yn ymestyn o'i ddau gefnder hyd at Gwyneth Vaughan roedd fy nhaid yn gefnder iddi. Darlun o gyfnod o'n diwylliant sydd yma — yn addysg ac yn bleser. Ysgolheicdod — hwnna ydio. Ac ambell sylw wrth basio sy'n gwneud i ddyn ofidio na fedrodd y Syr gwblhau ei atgofion. Fe fuasant wedi rhoi Cymru ar dân!

PICTIWRS
8 Chwefror 1997

Cyn troi at bethau mwy dyrys a phoenus rydwi am eich gwahodd chi i ddod efo mi i'r pictiwrs. Yn y newid byd a fu fûm i ddim mewn sinema hanner dwsin o weithiau yn y chwarter canrif diwethaf, ond rydwi'n cofio'r pryd pan welais i ddarluniau byw gyntaf erioed. Roedd hi'n hwyr yn y dauddegau pan gawsom ni, ddisgyblion y Cownti Sgŵl ym Mhwllheli, fynd un pnawn i Neuadd y Dre i weld 'Ben Hur'. Y lluniau'n ddu a gwyn, dim sain ond dyn yn colbio piano lle'r oedd yna fymryn o oleuni yn y tywyllwch. Wedi gweld y ddrama Rufeinig yma cawsom fynd wedyn i weld y ddrama Gristnogol 'King of Kings' a mynd hefyd i weld bywyd gwyllt Affrica ar y sgrîn fawr.

Dechreuwyd dangos ffilmiau'n achlysurol yn Neuadd Tre Pwllheli yn union wedi ei hadnewyddu yn 1904 — ar gyrion y Diwygiad. Ond yn 1911 y dechreuwyd dangos ffilmiau'n gyson bedair gwaith yr wythnos. Ar wahân i gyfnodau atgyweirio parhawyd i ddangos ffilmiau yno hyd heddiw er y gwelwyd geni a marw sinema'r Palladium yn yr hen dref.

Pan oeddwn i'n blentyn rydwi hefyd yn cofio sinemâu teithiol yn ymweld â'r pentrefi ac yn Neuadd Llanaelhaearn wrth odre'r Eifl cofio gweld y melodramâu 'Sweeney Todd The Demon Barber' a 'Murder in the Red Barn' ar y sgrîn. Cofiaf liw a sain yn cyrraedd, cyn dyfodiad y teledu gyda'i ddiddanwch newydd sy'n parhau rhwng y rhaglenni coginio.

At hyn rydwi'n ymdroellog gyrraedd — nos Sadwrn diwethaf dyma fi, o'r diwedd — ac ar ôl pawb mae'n siŵr — yn cael cyfle i weld ffilm na fynnwn ei cholli. Ffilm o hanes Michael Collins yr arwr Gwyddelig, ac yn Neuadd y Dref Pwllheli y gwelais honno. Cefais un sioc — yng nghlydwch newydd y sinema roedd yna lai na dau ddwsin o wylwyr — pobol Llŷn ac Eifionydd, gan gynnwys Mr a Mrs William Samuel Jones, a phawb yn nabod ei gilydd. Ar nos Sadwrn erstalwm fe fyddai'r lle yn orlawn a hwylus o dywyll. Ond, i fod yn deg, rwy'n deall bod yno lawer mwy yno yn gwylio y nosweithiau cynt.

Roeddwn i wedi hen ymddiddori yn hanes Collins ac yn gyfarwydd â'i fywgraffiad diweddaraf. Roedd y ffilm, at ei gilydd, yn dilyn gyrfa'r 'Big Fellow' yn hynod gywir er na fedrwyd cynnwys pethau fel lluniau o'r ymdrafodaeth fawr efo Lloyd George, Churchill a Birkenhead yn Llundain cyn arwyddo'r cytundeb tyngedfennol a rwygodd Iwerddon ac a gododd ryfel cartref yn y De a'r rhwyg rhwng de Valera a Collins.

Os oes yna wersi a rhybuddion i ni'r Cymry yn stori rhyddid Iwerddon, edrychwch ar Iwerddon Rydd heddiw i weld y bendithion ac ar Ulster i weld y melltithion — gan gofio mai, gyda'n holl ymfudwyr, tebycach i Ogledd

Iwerddon nag i'r Weriniaeth Wyddelig ydan ni mewn gwirionedd.

Felly, i droi at ein problemau llywodraethol ni yma yng Nghymru. Wyddom ni ddim eto pa blaid fydd yn llywodraethu o Lundain hyd ddiwedd y ganrif a beth fydd tynged Cymru. Ond fe wyddom y bydd ein llywodraeth leol, ad-drefnedig am y trydydd tro, yma ac yn gorfod gweithredu heb y cyllid digonol i gynnal eu gwasanaethau. Cynilwch, meddai'r llywodraeth ar y naill law, a gyda'r llaw arall yn torri ceiniog oddi ar y dreth incwm — ceiniog a fuasai'n mynd beth ffordd i gadw pennau'r siroedd newydd uwchlaw'r dŵr.

Gan gofio bod y sefyllfa cyn waethed, neu waeth, yn y canolbarth a'r deheudir ystyriwch broblemau siroedd y gogledd a ddatguddiwyd yr wythnos yma. Wrecsam yn gweld colli trigain o swyddi yn yr ysgolion a llai at gynnal pob ysgol. Môn yn ystyried diswyddo dwsin o athrawon, codi pris cinio ysgol, cwtogi ar help i'r henoed. Fflint i arbed wyth miliwn o bunnau ar draul plant, henoed, anabl a llyfrgelloedd. Dinbych i gwtogi wyth y cant ar y gwasanaethau cymdeithasol a cholli dros ddeg ar hugain o swyddi. Gwynedd yn gorfod arbed pedair miliwn o bunnoedd a chodi'r dreth o leiaf ddeg y cant — fel mae'n sicr o godi drwy Gymru. Gwasgu mor arw nes bod symudiad i gynnal protest genedlaethol fawr gan y siroedd. A bydd angen rhywbeth amgenach na rhoi loteri wythnosol arall i dawelu'r storm.

COF AM GLADSTONE
15 Mawrth 1997

Yn anffodus yr hyn na fedra i ei osgoi nes daw Mai a'i lifrai las — neu goch — ydi'r lecsiwn a'r ymrafaelio. Ond mi ganolbwyntiaf heddiw ar Gymru a datganoli, a'r modd y gwelodd dau o'r arweinwyr pleidiol gefndiroedd pethau. Mi fedra i ddelio â'r hyn a ddywedodd John Major, sef y buasai'r datganoli yn dinistrio mil o flynyddoedd o gyfundrefn trwy ei atgoffa y bu Hywel Dda a'i ddeddfau yng Nghymru a'r Norman Gwilym a'i goncwest yn Lloegr yn y cyfnod hwnnw, heb sôn am frwydrau fel Bannockburn yn yr Alban.

Hefyd roedd haeriad Paddy Ashdown y bu'r Rhyddfrydwyr yn bleidiol i ryw fath o ddatganoli i Gymru am y cyfnod llai o gan mlynedd yn dal yn un dadleuol.

Gan mlynedd a mwy yn ôl cafodd y blaid Ryddfrydol gefnogaeth gref yng Nghymru a darlun o William Ewart Gladstone, a fu'n Brif Weinidog bedair gwaith, mewn mwy o gartrefi Cymreig na'r un arall. Roedd ei briod, Catherine Glynne, yn Gymraes os yn ddi-Gymraeg ac ym mhlasty ei theulu hi ym Mhenarlâg yn yr hen sir y Fflint y cartrefodd Gladstone. Bu'n treulio rhan helaeth o'i hafau — o 1855 hyd 1886 — yn y Plas Mawr ym Mhenmaen-mawr gan ymdrochi'n ddyddiol yn y môr a chrwydro llethrau'r bryniau gan ei fod o'n gerddwr mawr. Roedd ganddo ei ddiddordebau rhyfeddaf, megis achub puteiniaid ar strydoedd Llundain, chwipio'i hun am ei gamweddau, a thorri coed efo'i fwyell. Roedd o'n ddarllenwr mawr ac roedd ganddo lyfrgell enfawr y manteisiodd Penarlâg arni ac yr oedd yn ymddiddori'n anghyffredin yng nghlasuron Groeg a Rhufain. Ond beth am ei ddiddordeb yng Nghymru?

Yn y bywgraffiad mawr diweddaraf ohono, gan y Cymro o ryw fath Roy Jenkins, yr unig dro y defnyddir y gair *Wales* neu *Welsh* ydi pan gyfeirir at ddadl y Datgysylltiad y daeth Gladstone, yr eglwyswr mawr, i weld ei grym, wedi hen grafu pen, gyda'r flaenoriaeth i Iwerddon ac yna i'r Alban o flaen Cymru am fod y broblem yn haws i'w datrys yno. Ac yn ei gyfeiriad at ddeddfu i gwtogi ar dafarndai medr Roy Jenkins osgoi nodi mai yng Nghymru yn unig y caewyd y tafarndai ar y Sul — ac nid fel gweithred genedlaethol y gwelai Gladstone hyd yn oed hynny, ond fel dewisiad lleol.

A oedd gan Gladstone ddiddordeb mewn datganoli? Oedd — ond yn Iwerddon. Datblygodd ddiddordeb ysol mewn *Home Rule* i ddatrys problemau cynyddol y wlad honno gan fethu cael mesur *Home Rule* ddwywaith drwy ddau dŷ'r Senedd.

Ym Medi 1892, ac yntau'n dair a phedwar ugain oed ac yn Brif Weinidog am y pedwerydd tro, fe fentrodd cyn belled â Chaernarfon i annerch gan fynd wedyn ar y trên bach — sy'n cael ei hatgyfodi'n awr — o Dinas i Rhyd-ddu ac ymlaen dros loywddwr Glaslyn mewn cerbyd tua'r Wyddfa a *chalet,* diflanedig bellach, Syr Edward Watkin, hen hyrwyddwr agor twnnel y Sianel ac Aelod Seneddol Rhyddfrydol Unoliaethol, o bob peth. Roedd o newydd brynu hen stadau Hafod-y-llan a'r Ffridd a dod yn berchennog ar ran helaeth o'r Wyddfa.

Dod yno'n benodol roedd Gladstone i agor llwybr newydd — llwybr Watkin — i ben yr Wyddfa. Gyda'r cannoedd oedd yno roedd y cenedlaetholwyr Cymru Fydd Tom Ellis a Lloyd George a'r gwrth-genedlaetholwr

J. Bryn Roberts yr Aelod Rhyddfrydol lleol — criw amryliw ryfeddol eu daliadau. Cyfeiriad byr at ddatgysylltu oedd unig sylw arbennig Cymreig araith Gladstone — ac fe anghofiodd grybwyll y llwybr o gwbl!

Wrth ddringo cyfran o'r ffordd tua chopa'r Wyddfa fe aeth yna, am ei rhesymau ei hunan, fuwch yn wallgo — dim newydd dan haul, yn nagoes — ac fe geisiodd ymosod ar Gladstone, heb lwyddo. Fe'i cosbwyd hi trwy ei gwerthu i gigydd o Gaer a chafodd bris uchel am ei bîff. Ymhen y flwyddyn llwyr ddinistriodd Tŷ'r Arglwyddi ail fesur *Home Rule* Iwerddon Gladstone. Yn y ganrif yma, beth bynnag a ddywed Paddy Ashdown ac er maint ei rinweddau, cyfraniad Cymreig pennaf ei blaid fu i'w haelodau heidio i sefydlu a chynnal y Blaid Genedlaethol.

Y BLEIDLAIS WELL?
14 Mehefin 1997

Mi fedrid cyfiawnhau clustnodi'r ddeufis diwethaf yma yn dymor yr etholiadau, o'r lecsiwn a ddarniodd y blaid Dorïaidd hyd yr etholiad presennol am ei harweinyddiaeth sy'n bygwth ei dinistrio. Rhyngddynt cafwyd yr etholiad yn Ffrainc a ddaeth â'i ganlyniad annisgwyl ei hun; ac yna wele'r etholiad cyffredinol sydd newydd ddirwyn i ben yn Iwerddon, lle mae yna ddeuddeg y cant heb waith er gwaetha'r holl lwyddiannau, gyda'r canlyniad arferol — sef dim canlyniad clir o gwbl. Ac fel tipyn o newid fe ganolbwyntiwn ni ar yr etholiad hwnnw yn Iwerddon a'i arbenigrwydd.

Dwy blaid fawr sydd yna yn Iwerddon. Dwy

draddodiadol, sef Fianna Fail a sefydlodd de Valera gyda'r nod o sicrhau gweriniaeth Wyddelig; a Fine Gael yr ysbrydolwyd ei bodolaeth gan Michael Collins ac a roddai fwy o bwyslais ar gymedroldeb. Erbyn heddiw, fodd bynnag, mae'n anodd iawn gwahaniaethu rhwng y ddwy blaid.

Ym mlynyddoedd cynnar Iwerddon rydd fe barhaodd Fianna Fail i lywodraethu'n ddi-dor y tu mewn i'r gyfundrefn etholiadol a elwir yn un y bleidlais gyfrannol sydd, yn Iwerddon, yr enghraifft fwyaf perffaith — neu ddyrys, ohoni a fu ac y sydd. Cynllun 'y bleidlais sengl drosglwyddadwy', os ydach chi am deitl i'ch drysu ymhellach. Ar wahân i fod yn wleidydd roedd de Valera yn un o'r mathemategwyr disgleiriaf hefyd ac yn gefnogol i'r drefn o'r cychwyn nes iddo sylweddoli yn y diwedd y buasai Fianna Fail wedi parhau mewn grym trwy ddyddiau ei einioes oni bai am y ffordd yma o bleidleisio.

Yn arwynebol mae'r bleidlais gyfrannol yn llawer tecach ac yn sicr yn rhoi gwell chwarae teg i bleidiau bach na'r drefn Brydeinig. Yn wir, effaith y drefn Brydeinig wedi'r lecsiwn a fu oedd gweld yng Nghymru Blaid Cymru efo rhyw ddeg y cant o'r pleidleisiau gyda phedwar Aelod Seneddol, a'r blaid Doriaidd efo dwbl y nifer o bleidleisiau heb yr un. Ond yn Iwerddon buasai pob plaid gyda'i chyfran resymol o'r pleidleisiau, ond heb ddigon i ddod ar y blaen mewn unrhyw etholaeth, yn cael rhywfaint o Aelodau Seneddol.

Sut mae'r gyfundrefn yn gweithio? Wel, mae'r fformiwla derfynol a weithredir wrth gyfri'r holl bleidleisiau yn un ddyrys na fedrai un Gwyddel o bob mil ei hadrodd ar ei gof. Ond mae tasg yr etholwr wrth bleidleisio cyn symled bob mymryn â'r dasg yng Nghymru.

Yn y lle cyntaf mae'r etholaethau yn Iwerddon yn llawer mwy na'n rhai ni, ac nid un aelod a etholir ym mhob etholaeth ond o leiaf ddau ac efallai fwy. Golyga hyn fod cryn nifer o enwau ar y papur pleidleisio — prin lai na deg ac at ei gilydd llawer iawn mwy. Gosodir enwau'r ymgeiswyr yn ôl trefn yr wyddor eu cyfenwau a'r hyn a wna'r pleidleiswyr yw rhoi rhif un i ddewis y cyntaf, dau i'w ail ddewis, ac ymlaen at y dewis olaf, os yw am roi pleidlais i bob un. Ond gall roi dim ond un bleidlais i un ymgeisydd os dyna'i ddymuniad.

Pan eir i gyfri'r pleidleisiau mae pwy bynnag sydd wedi cael dros hanner pleidleisiau'r etholwyr wedi ei ddewis yn syth bin. Wrth ddewis y gweddill mae'r cymhlethdod. Nid yn unig cymerir i ystyriaeth sawl dewis cyntaf a gafodd pob ymgeisydd ond sawl un a'i gwnaeth yn ail a thrydydd dewis a thu hwnt hefyd. Ond problem i'r cyfrifwyr yn unig ydi hon ac fe olyga'r cymhlethdod na cheir canlyniad am rai dyddiau. Am fod pob pleidlais i bob un o'r ymgeiswyr yn cyfrif mae'n sicrhau cynrychiolaeth resymol deg i hyd yn oed y pleidiau bach — pur fach.

Golyga hyn fod yna lai o aelodau'r pleidiau mawr yn cael eu dewis a hynny'n mynd i olygu nad oes gan yr un blaid, o bosib, ddigon o fwyafrif i fedru ffurfio llywodraeth, sy'n golygu bod yn rhaid i'r pleidiau hynny orfod bargeinio am gefnogaeth rhai o'r pleidiau llai i ffurfio llywodraeth glymbleidiol — yr union beth a ddigwyddodd yn Iwerddon y tro yma ac sydd wedi digwydd mewn gwlad fel yr Eidal — lle mae'r bleidlais gyfrannol — a lle bu newid llywodraeth bron bob blwyddyn ers y rhyfel, ac y sonnir yno am ddiwygio'r drefn.

Os yw'r gyfundrefn yn decach i'r pleidiau bach yn arbennig, ydi'r duedd i esgor ar lywodraethau clymbleidiol a'u tynged yn nwylo dyrnaid o aelodau plaid fechan yn bris sy'n ormod i'w dalu am y drefn?

Y DDWY IAITH
21 Mehefin 1997

Un o'r pynciau dyrys sydd wedi codi'i ben, ac y buasai'n anghyfrifol i mi ei osgol, ydi pryder llu o'm cydnabod sylweddol ynglŷn â'r cynnydd diweddar yn y Saesneg yn y rhaglenni newyddion, ac ambell raglen arall, ar y radio a'r teledu Cymraeg — prif gyfryngau'r iaith. Mae'n bwnc a allasai droi'n un llosgawl na fedrir ei osgoi ddydd a ddaw, ac mi ddeuda i pam cyn tewi.

Am i mi fyw efo, ac ar y newyddion, ddyddiau f'oes — ac mae 'na lot ohonyn nhw — mae gen i brofiad personol maith o hanes paratoi a chyflwyno'r newyddion ar gyfer y Cymry Cymraeg yn y wasg a'r radio a'r teledu. Roeddwn i a'r hen ffrind T. Glynne yn gyfrifol am newyddion Cymru yn Gymraeg ac yn Saesneg i Deledu Cymru yn y dyddiau cynnar cyn symud i helpu cynhyrchu'r rhaglen deledu nosawl 'Heddiw' i'r BBC am flynyddoedd. Heb anghofio fy mlynyddoedd ym Mangor a'r radio a boreol godi wedyn i adolygu gwasg Lloegr yn ddi-Saesneg.

Yn wir, trwy'r blynyddoedd roedd pob gair ym mhob rhaglen Gymraeg yn Gymraeg nid am fod yna reol ond am na freuddwydiai neb y dylasent fod yn amgenach. Dim mwy o ysfa rhoi Saesneg mewn rhaglen Gymraeg nag oedd yna, ac y sydd yna, o roi Cymraeg mewn rhaglen Saesneg, sy'n tanseilio'r chwedl ein bod ni'n genedl ddwyieithog am mai'r Cymry Cymraeg yn unig sy'n ddwyieithog. A phe digwyddid defnyddio'r ddadl fod y Cymry Cymraeg yn medru Saesneg gellid yn rhesymegol ei defnyddio i beidio cynhyrchu rhaglenni Cymraeg o gwbl. A dim ond wedi hir ymgyrchu y llwyddwyd i sicrhau'r rhaglenni yma, am fod eu hangen. P'run bynnag does yna'r un cynhyrchiad dwyieithog wedi ffynnu yng Nghymru.

Pan ddaeth datblygiadau technegol, a phan lwyddwyd i gyflwyno'r Senedd a'r byd yn Gymraeg, yn newyddion y radio yr oedd yna Gymry fel fi yn ei chael hi'n anodd ei dderbyn gan mai yn Saesneg roedden ni wedi arfer ei glywed ac wedi'n cyflyru i gredu mai'r fersiwn Saesneg oedd yr un swyddogol ddibynadwy. Mi gymerodd amser, ond mi fedrwyd ein hargyhoeddi bod y Gymraeg yr un mor ddilys. Erbyn heddiw mae'r Cymry Cymraeg yn medru dibynnu'n gyfan gwbl, os mai dyna'r dewis, ar y newyddion am Gymru a'r byd yn yr hen iaith, ac nid yn unig mae'r gwasanaeth yn un clodwiw ond mae wedi cynhyrchu cenhedlaeth newydd o newyddiadurwyr Cymraeg na welwyd eu tebyg, a gwasanaeth sy'n gwyrthiol ddarganfod y Gymraeg ym mhellafoedd daear.

Ond, gyda'r teledu yn arbennig, mae'r technegau newydd wedi esgor ar bosibiliadau newydd. Nid yn unig fe fedrwch glywed be ddywedwyd ond medrwch weld hefyd. A dyma lle mae'r broblem yn codi. A ddylech chi dderbyn Blair neu Clinton yn llefaru'n uniongyrchol am fod y Cymry Cymraeg yn medru eu deall, ynteu a ddylech chi wneud beth wna'r BBC yn Llundain efo Chirac neu Kohl trwy roi mymryn o'r gwreiddiol cyn trosleisio o'r Ffrangeg neu'r Almaeneg. Nid yn unig mae hyn yn synnwyr cyffredin ond mae hefyd yn rhan o falchder ac urddas cenedlaethol ac ieithyddol Lloegr.

Y duedd yn newyddion presennol S4C yn arbennig, sydd ddim heb ei fawr rinweddau, ydi gadael i'r gwleidyddion a'r swyddogion a'r mawrion ac ati sy'n siarad Saesneg wneud hynny. Er mewn o leiaf naw deg y cant o'r enghreifftiau bod pob gair wedi ei glywed eisoes gan bob clust wrandawgar ar y llu o sianelau Saesneg. Yr effaith ydi creu'r argraff mai Saesneg ac nid Cymraeg ydi'r iaith sy'n cyfri ac yn haeddu parch. Mae'n wir y golygai trosleisio fwy o waith — ond mae yna fwy o ddwylo nag a fu a dyna mae pob gwlad arall, ar wahân i Gymru hyd y gwn i, yn ei wneud.

A dyna hyn oll yn dod â mi at yr hyn ddwedais i wrth gychwyn, sef bod yna reswm arbennig dros drafod y pwnc, sef y posibilrwydd y gwelir Cynulliad i Gymru yng Nghaerdydd ddydd a ddaw. Fe fydd llu o'i aelodau yn ddi-Gymraeg. Fe fydd y gyfran helaethaf o'i drafodaethau yn bownd o fod yn Saesneg ac fe fydd ei weithgareddau yn mynd â gofod cyfran helaeth o newyddion y radio a'r teledu. Ac mi fydd yn rhaid penderfynu ai rhywfaint, llawer ynteu dim o'r Saesneg sydd i fynd yn amrwd i'n cartrefi, sy'n golygu nad ydi hi'n rhy fuan i drafod y polisi a chael gwylwyr, gwrandawyr, cynhyrchwyr yn gytûn. Achos mae'n fater, yn ôl pob golwg, y clywir llawer mwy yn ei gylch. Ac os am batrwm o'r hyn y medrid ei wneud yn llwyddiannus — rhaglenni diweddar Beti George o Hong Kong amdani. Deg allan o ddeg am y rheiny.

DIANA
6 Medi 1997

Rydwi'n godwr bora — hen arfer hon a orfydd — ond digwydd dal yn y ciando roeddwn i fore Sul a heb ddeffro digon i ymestyn am y radio a'r newyddion nes roedd hi ar ddannedd rhyw ddeg munud wedi wyth. Rhys Jones gyda'i ddewis cyfoethog o gerddoriaeth go iawn oedd i fod ar fy nghlyw ond be oedd yno ond llais Aled Glynne Davies, a thinc o lais ei dad T. Glynne ynddo fo, a hwnnw'n dal ati i drafod y teulu brenhinol a'r Dywysoges Diana'n arbennig. Ches i mo'r rheswm pam nes clywed llais Alan Pickard yn clir adrodd y newydd am y trychineb mawr. Syfrdandod.

A dyna oedd yn mynd trwy fy meddwl — wedi clywed ar ba awr o'r nos y bu'r ddamwain — yr holl gynnwrf a'r panig a'r cysylltu â'r gohebwyr cysglyd pell oedd yna yn holl bencadlysoedd newyddion radio, teledu, papurau newydd Prydain benbaladr. A sylweddoli gorchest Aled Glynne a lwyddodd i adrodd stori gefndirol mor gynhwysfawr wedi cyn lleied o rybudd.

Yng nghelloedd y cyfryngau a'r papurau mae yna'r hyn a elwir yn fynwent, sef rhaglenni wedi eu paratoi'n barod i fynd ar yr awyr neu i'r papur yn syth bin wedi i rywbeth mawr ddigwydd i rywun o bwys. Dim ond unwaith y cafodd y BBC ei ddal heb fod y cofiant yn hollol barod pan ddaeth y galw, sef pan fu Aneurin Bevan farw yn annisgwyl.

Wrth gwrs roedd yna ddigon o hanes ac o ddarluniau o'r Dywysoges Diana ar gael. Ond merch ifanc ym mlodau ei dyddiau oedd hi a heb reswm bod y cofiant amdani yn gyflawn wrth law. Ond fe wnaeth Aled Glynne y gamp yn y bore bach ac fe'i dilynwyd ar Radio Cymru gan ohebwyr ac arbenigwyr rhugl a ganolbwyntiodd ar yrfa'r dylwythen deg o Dywysoges golledig am y rhan helaethaf o'r dydd. Yn wir, siŵr gen i, fu 'na erioed ym Mhrydain, os yn unman, y fath goffâd gan fawr a bach. Roedd yr holl elfennau dramatig yn y stori a mwy a mwy o ryw newydd wyrth o'r angau drud yn dod o hyd i'r golau cyn i hyd yn oed y rhaglenni coginio holl-bresennol ddychwelyd i'r sgrîn.

Roedd y dyddiau cŵn drosodd. A'r newydd mawr yn rhy hwyr i'r papurau Sul a'm cyrhaeddodd i efo dim o bwys ynddyn nhw. Stori flaen y *Sunday Times* am berthynas Blair a Mandelson ac un ddyrys yr *Observer* am gynhyrchu bomiau niwcliar i Irac. Dim gair am y refferendwm Gymreig yn yr un ohonyn nhw.

A phwy meddech chi oedd yn y car ar ei siwrnai olaf efo'r Dywysoges? Un Ffrancwr colledig o yrrwr meddw. Un cariad colledig o Eifftiwr. Un gwarchodwr anafus o Gymro — Trevor Rees Jones o Lanfyllin — y llwyr ddibynnir arno i wella digon i adrodd y stori i gyd. Stori a gymylodd goffáu colli Gwilym R. Tilsley y bardd-bregethwr a John Darran y darlledwr-gyfreithiwr.

Y cwestiwn sy'n codi bob amser — oedd yna waed a chysylltiad Cymreig gan Diana. A'r ateb — oedd. Wedi cael help hen ffrindiau wele ddarlun gweddol gyflawn i chi.

I ddechrau efo hanes gweddol ddiweddar. Hanes hen stad Tremadog yn cael ei dirwyn i ben — etifeddiaeth Alexander Maddocks a gododd y cob a sefydlu Tremadog a Phorthmadog. Y fo ydi'r ddolen gyswllt.

Tri ymddiriedolwr ola'r stad oedd Frances Ruth Burke Shand Kydd, mam Diana — gwraig ffroenuchel yn ôl pobol Eifionydd — a Mary Roche Geoghan, modryb Diana, a'r diweddar Farwn Fermoy ei hewythr. Y tri yn aelodau o deulu Roche ac roedd Elizabeth, merch Alexander Maddocks wedi priodi i adain o deulu Roche ym Mrycheiniog — a Diana yn un o ddisgynyddion y cyfan.

Gyda llaw, olynwyd Jôs Ynysfor ger Tremadog gan aelod arall o deulu Roche a'r Roche yma bymtheng mlynedd yn ôl, am ryw reswm, saethodd y cyfan ond un o bac y bytheiaid enwog y nosâi Ynysfor yn eu sŵn.

Roedd gan Diana gysylltiad Cymreig mwy diddorol fyth. Roedd ei hen berthynas Maddocks wedi priodi wyres i Joseph Harris, mathemategwr mawr ac uchelswyddog ym mint Llundain, a brawd hynaf Howel Harris y diwygiwr enwog — sy'n cysylltu Diana ag arweinydd mawr y Diwygiad Methodistaidd.

Am Diana hefyd medrir dweud mai dyma unig Dywysoges Cymru a ymddiddorodd o gwbwl, er nad yn helaeth, yng Nghymru a'r unig un i ddweud gair o Gymraeg yn gyhoeddus.

I ffarwelio â hi, greadigaeth ac ysglyfaeth y camerâu, fedra i ddeud dim ond deud y gwn beth oedd colli mam yn ei olygu i ddau oddeutu'r un oed â'i dau hi. A difri ystyried efo pawb nad yw ein cnawd ond gwellt, a'n hesgyrn ddim ond clai.

Y NOSON FAWR
20 Medi, 1997

Mi fuaswn i'n hapus pe cawswn i yn y sgwrs yma wneud dim ond gweiddi un gair a thawelu. Y gair HALELIWIA. Oherwydd rydw i wedi cael y fraint o gael byw yn ddigon hir i wrando ar y ddrama wleidyddol fwyaf syfrdanol a fu ar lwyfan Cymru — fuasai'r duwiau ddim wedi medru'i threfnu'n effeithiolach. Drama cyhoeddi canlyniadau'r refferendwm — a'r canlyniad terfynol yn un o'r rhai mwyaf hanesyddol yn hanes Cymru — y pwysicaf un, medrid dadlau.

Rhaid i mi gydnabod mai pryderus ac nid hyderus oeddwn i. A phan ddaeth canlyniad Wrecsam ar Radio Cymru a'r ddau a'i dilynodd, roedd y golau coch yn disgleirio. Gorfod f'atgoffa fy hun o'r hyn a welais yn digwydd ddeunaw mlynedd yn ôl pan gafwyd pedair pleidlais yn erbyn datganoli am bob un o blaid. Ac ar dro hanner nos fore Gwener, ar y naill law digalondid o glywed 'NA' yn dod o'r tair etholaeth gyntaf a chalondid o weld y cynnydd sylweddol yn y bleidlais tros y Cynulliad. A'r digalondid yn dychwelyd o synhwyro nad oedd y cau ar y bwlch yn ddigonol yn yr un o'r tri chanlyniad.

Ac i fyny ac i lawr y bu'r galon nes cyrraedd y canlyniad olaf un. Blaenau Gwent Llew Smith gyda'i 'IE' ysgytwol wedi codi 'nghalon. Ac yn wir codi'r galon wnaeth canlyniadau pob un o etholaethau'r Aelodau Seneddol Llafur a wrthryfelodd yn erbyn cefnogaeth swyddogol eu plaid. Alan Rogers yn cael cic yn ei din yn y Rhondda, lle bu'r ddwy wraig Lafurol yn arwain eu hymgyrch egsentric tros 'NA', a'r un dynged i Ray Powell yn Ogwr ac, yn annisgwyl i mi, i Alan Williams yn Abertawe. Abertawe o bobman yn cefnogi Senedd yng Nghaerdydd, ond pobl Caerdydd yn ei gwrthod.

Ac ar gyrion y Rhondda, yr hen dref radicalaidd Merthyr Tudful hefyd yn arddel ei gwreiddiau Cymreig gydag 'IE'. Mi fuasai S.O. Davies, yr oeddwn yn ei adnabod yn dda, yn gorfoleddu ac yn ein hatgoffa iddo fo ddod â'i fesur ei hun tros Senedd i Gymru i sylw Senedd Westminster. Ni ddisgwylid i Gasnewydd ddeud 'IE', er i'r bleidlais o blaid gynyddu, ond yn dilyn cefnogaeth sylweddol y Rhondda ac un dda Ogwr, dyma hwb enfawr i'r galon gan ganlyniad Castell-nedd/Port Talbot, etifeddiaeth Peter Hain a weithiodd fel llew ond nid fel Llew Smith. Ac os oedd 'IE' Caerffili'r egnîol Ron Davies yn weddol, roedd o'n ddigon.

Ond gyda dim ond dau ganlyniad ar ôl roedd y 'NA' dros ddeng mil ar hugain o bleidleisiau ar y blaen i'r 'IE' a'r rhagolwg yn ddu bitsh. Ac os oedd yna fannau golau roedd Gogledd Cymru gyfan wedi dweud 'NA' ar wahân i Ynys Môn a ddywedodd 'IE' gyda'r mwyafrif cwta o 554 pleidlais. Canlyniad oedd yn codi cwestiwn y medrid ei gyffredinol godi — sef, gyda phob plaid yn uno yn erbyn y Torïaid, gyda Môn yn yr Etholiad Cyffredinol wedi cael mwyafrif i Blaid Cymru a phleidlais gref i Lafur, pam roedd y mwyafrif mor fach? Yr ateb ym Môn oedd agwedd mewnfudwyr, ond hefyd ynghyd â diffyg y rhai a bleidleisiodd tros Lafur yn yr Etholiad i fwrw pleidlais 'IE' y tro hwn.

Oddeutu hanner awr wedi tri fore Gwener wele Wynedd yn llefaru gyda mwyafrif mor sylweddol tros 'IE' nes dod â llygedyn o obaith — ond un bach iawn. Ac wele uchafbwynt hanesyddol y noson. Roedd angen mwyafrif anhygoel o fawr o Shir Gâr, yr olaf un, os oedd yna obaith am gario'r dydd. Ac yn syfrdanol fe'i cafwyd — a digon dros ben i roi tua chwe mil o fwyafrif tros i Gymru gael y corff gwleidyddol cyntaf yn ei hanes i ofalu am y genedl gyfan o Wynedd i Went. Corff y bydd Cymru'n democrataidd benderfynu ar union natur ei awdurdod ddyddiau pell a ddaw. Sylfaen y dyfodol. Haleliwia!

Ar y dechrau, mi ddywedais mai pryderus ac nid hyderus oeddwn i. Roedd y bwganod a'r rhagfarnau ar waith. A'r hunllef y tu ôl i fy meddwl oedd beth allasai ddigwydd pe methai Cymru ag uno i ddweud 'IE' y tro yma. Yr Alban wedi llefaru ac mi fuasai yna refferendwm tros rywfaint o hunanlywodraeth i Lundain fis Mai nesaf — a'r ymateb fuasai 'IE'. Pe ailetholid Llafur buasai rhanbarthau Lloegr yn cael dweud 'IE' — ac mi fuasai problem Gogledd Iwerddon wedi ei setlo rywfodd. Gallasai hyn oll olygu mai Cymru'n unig a reolid yn gyfan gwbl gan Westminster. A dyna be ydi hunllef.

CEFNDIR ULSTER
18 Hydref, 1997

Cyn troi at rywbeth mwy buddiol gadewch i mi gwyno a chanmol mymryn bach. Cwyn bendant am yr oriau afresymol o rygbi, lleol ei apêl, sydd ar S4C — a doedd yna ddim ond rygbi ar BBC Un hefyd rhyw brynhawn Sul. Ond tîm pêl-droed Cymru wedi perfformiad gweddol dda'n cael ei lwyr anwybyddu ar newyddion a *Llinyn Mesur* Radio Cymru fore Sul, er bod yna fwy na digon am dîm pêl-droed Lloegr a'i hwliganiaid.

Ond gwerthfawrogiad o adolygu Hafina Clwyd ar Radio Cymru, achos hi ydi'r unig un sy'n gwneud hynny'n gyson, waeth p'run ydach chi'n cytuno â hi ai peidio.

A chlod hefyd i'r rhaglenni radio dadlennol ddiddorol gyda Gwynfor Evans a welodd freuddwyd yn dechrau dod yn ffaith, a gyda'r ddawnus Caryl Parry Jones, sy'n cael marciau ychwanegol am gollfarnu'n hemynau diweddar dieneiniad. Clap ar gefn ei thad, Rhys Jones hefyd, am ei ddycnwch ac apêl amrywiaethol ei ddewis o gerddoriaeth go iawn ar foreau Sul. A diau y dylswn hefyd ofidio colli Musus Mac o *Bobol y Cwm*, oedd fel colli Mrs Sharples o *Coronation Street* — ond rwy'n dal i wylio'r gyfres, hyd yma, er gwaetha'i thin-droi — ymhob ystyr.

Ond mwy buddiol, efallai, fuasai i mi heddiw gynnig bras-ddarlun — bras iawn — o Ogledd Iwerddon a'i phroblemau diddatrys, yn arbennig felly wedi i Tony Blair fod mor waraidd ag ysgwyd llaw arweinydd Sinn Fein, rhywbeth na wnaed gan Brif Weinidog Prydain er dyddiau Lloyd George a Michael Collins.

Yn fras, hen dalaith Ulster ydi'r Ogledd Iwerddon, gyda'i miliwn a hanner o bobl — eu traean yn Belfast — a'i chwe sir, Antrim, Armagh, Down, Fermanagh, Londonderry a Tyrone. Wedi'r gwahanu bu iddi ei senedd ei hun gydag ychydig o hawl trethu ond sydd, ers chwarter canrif, wedi ei llywodraethu o Lundain.

Talaith fryniog ond heb fynydd tros ddwy fil saith gant o droedfeddi; dau gant a hanner o filltiroedd o draethau creigiog a ffin o ddau can milltir. Yn yr hen amser gwnaeth ei thraethau creigiog hi'n ddiogelach na gweddill yr ynys rhag ymosodiadau'r Sgandinafiaid ac eraill a golygodd hynny'n baradocsaidd iawn bellach mai hyd derfyn oes Elisabeth y Gyntaf y dalaith yma oedd pennaf cadarnle'r Gwyddelod a'u hiaith a'u diwylliant a'u crefydd. Yn niwedd yr ail ganrif ar bymtheg, rhyw hanner canrif wedi uno Cymru a Lloegr, y dechreuodd y Saeson oresgyn Ulster mewn ymgyrchoedd a orfododd yr hen benaethiaid Gwyddelig i ffoi i'r Cyfandir ac y dechreuwyd meddiannu eu tiroedd gan ddilyw o fewnfudwyr Seisnig a gafodd dir mewn lotiau o fil, pymtheg cant, a dwy fil o aceri gyda siars i godi ffermdai caerog a rhentu i denantiaid newydd a oedd yn Brotestaniaid, a noddi eu heglwysi.

Bu dylanwad gweinidogion Presbyteraidd o'r Alban, sy'n bur agos, yn enfawr a chollodd yr hen Wyddelod eu tir a'u hiaith yn y diwedd gan adael eu crefydd dan fygythiad creulon. Aeth hen dref Derry — deri yn golygu coed derw — yn Londonderry a sefydlwyd Belfast yn un o'r trefi newydd heb ragweld y deuai yn un o borthladdoedd mwyaf Prydain.

Yn 1641 — ac mae pob dyddiad wedi'i argraffu ar lech calon pob Gwyddel — ar gyrion dyddiau mawr Oliver Cromwell gwrthryfelodd Gwyddelod Ulster gan ladd llu mawr o'r mewnfudwyr, ond fe'u milain orchfygwyd ac yn sgîl hynny daeth llifeiriant newydd o'r Alban i'r dalaith.

Ceisiodd y Brenin Siams yn 1689 am help y Gwyddelod i sicrhau goruchafiaeth yn Ulster ond fe'i trechwyd wedi iddo fethu ag ennill Londonderry ar ôl gwarchae o gant a phump o ddyddiau — dyddiau y parheir i'w coffáu fel y parheir i goffáu'r ergyd derfynol i'r Catholigion pan enillodd brenin newydd Lloegr, William y Trydydd, frwydr ar lan afon Boyne. Aeth y gwrthdaro rhwng Protestant a Phabydd rhagddo nes uno Iwerddon a Lloegr yn 1800, ac ar ôl hynny. Yn ofer y ceisiodd Gladstone gyfaddawd gyda'i ddau fesur *Home Rule* a phan basiwyd y trydydd mesur daeth y Rhyfel Byd Cyntaf i rwystro'i roi mewn grym. Ac ar ei derfyn, gydag Ulster ar fin gwrthryfel, bu'n rhaid i Lloyd George ildio a rhannu Iwerddon yn ddwy. Byth er hynny ymlafniwyd i chwilio am gynllun a ddeuai â pherthynas heddychlon sefydlog rhwng y ddeuddarn ond heb eu huno — problem na chafwyd ateb iddi am nad oes yna'r un — dim fel'na.

EMYNAU'R LLAN
1 Tachwedd 1997

Nid ar wrthrychau'r llawr yn awr y mae fy mryd ond ar lyfr emynau newydd yr Eglwys yng Nghymru — *Emynau'r Llan* sy'n olynu *Emynau'r Eglwys* 1951. Cyn dweud dim rhaid gofidus holi — tybed ai hwn fydd yr emyniadur Cymraeg olaf a gyhoeddir gan Eglwys ac enwadau Cymru? Byddai'r golled i'n crefydd a'n llenyddiaeth yn aruthrol. Eto mae yna bobol dda wrthi'n cynllunio llyfr emynau eciwmenaidd newydd yn Gymraeg er nad yw'n debygol y gwelir ei gyhoeddi.

Cefndir *Emynau'r Llan:* paratowyd yn wirfoddol, gyda bendith Esgob Bangor, gan James Griffiths, Cledwyn Jones, Enid Pierce Roberts, R. Glyndwr Williams a Huw Williams. Arbenigrwydd: mae'r 400 o donau yma yn yr hen nodiant a'r sol-ffa, sy'n golygu dyblu maint y llyfr, sy'n dri phwys, a chwtogi ar nifer a hyd yr emynau. Costiodd £32,000 i'w gynhyrchu a chyhoeddwyd 5,000 o gopïau a'r pris yn £10.

Am ei gynnwys gwrthodwyd y demtasiwn i gynnwys

gormod o emynau cyfoes, dieneiniad ac anghanadwy heb anghofio'r eithriadau, megis yr emyn trichant ar y dôn 'Pantyfedwen'; ac ambell emynydd gloyw megis John Roberts, Llanfwrog a Chaernarfon. Fel y gallesid disgwyl Pantycelyn yw'r emynydd blaenaf gyda pheth blaenoriaeth naturiol yn mynd i emynyddwyr yr Eglwys ond cyfraniad teg gan rai ymneilltuol hefyd. Yr Undodwyr yn unig sy'n rhoi'r ail le i Williams, sef ail i Iolo Morganwg sy'n ei guro'n rhacs, er mai un emyn sydd gan hwnnw yn *Emynau'r Llan*. Bu'n rhaid cyfyngu hyd yn oed ar Bantycelyn yn y llyfr newydd, er enghraifft, 'Iesu, Iesu rwyt Ti'n ddigon', 'Iesu, nid oes terfyn arnat' yma, 'Iesu yw tegwch mawr y byd' ddim. Dim lle chwaith, a nodi un enghraifft, i ddau emyn sydd gyda'i gilydd yn llyfr emynau a thonau safonol cyntaf Tanymarian a J.D. Jones, 1868 — 'Rwy'n llefain o'r anialwch', Ceiriog a 'Pwy welaf fel f'anwylyd', John Thomas. Dim 'I Galfaria trof fy wyneb', Dyfed chwaith.

Y priodasau hapus rhwng tonau ac emynau yma'n helaeth — 'O fryniau Caersalem' - Crugybar; 'Bydd myrdd o ryfeddodau' - Babel; 'Dechrau Canu' - Y Delyn Aur; er nad yw Calon Lân na Rachie yma ac nad yw Bryn Calfaria, Gwaed y Groes na Marchog Iesu ar Hyfrydol. 'Yr Arglwydd yw fy Mugail cu' Cynan, nid 'Yr Arglwydd yw fy Mugail clau', Edmwnd Prys sy'n hawlio Crimmond.

Cyfran ddiddorol o *Emynau'r Llan* ydi'r driniaeth i Ann Griffiths y mae dilysrwydd ei hemynau a'r alawon a ddewisodd ar eu cyfer yn dal yn broblem. Ceir yn daclus dri phennill 'Wele'n sefyll rhwng y myrtwydd' ar Gwm Rhondda a rhai penillion ar ben eu hunain, ond wrth drafod eu mesur clonciog gyda'r mydr a'r acen benben noda David Thomas mor rhugl fuasai gosod 'Pan fo Seina i gyd yn mygu' ar alaw 'Rwy'n caru merch o blwy Penderyn'.

A champwaith yn y gyfrol newydd ydi gosod 'Rhyfedd, rhyfedd gân angylion' ar yr union alaw werin honno. Ond beth am osod 'Dyma frawd a anwyd inni' yn ail bennill?

Gan O.M. Edwards yng *Nghyfres y Fil*, lle ceir y fersiynau mwyaf dibynadwy o emynau Ann Griffiths, fe ychwanegwyd llu o emynau sy'n ansicr eu hawduraeth. Yno ceir 'Ffrydiau tawel byw rhedegog', y cytuna *Emynau'r Llan* mai Nathaniel Williams yw'r awdur. Yno hefyd ceir 'Dyma frawd a anwyd inni' y cyffredinol dderbyniwyd mai un yn perthyn i Anhysbys nid Ann Griffiths ydi o. A'r ail bennill yn dilyn 'Rhyfedd, rhyfedd gân angylion' gan O.M. ydi 'Pan fo Seina i gyd yn mygu'. Sut y daeth 'Dyma frawd a anwyd inni' i mewn?

Ond am un arall o'r emynau ansicr eu hawdur 'O Arglwydd Dduw rhagluniaeth', hen emyn chwarelwyr y Penrhyn, rhydd y gyfrol "priodolir i Ann Griffiths" odano. Ac ar ben hyn yn *Emynau'r Llan* dan yr hen dôn Moriah, gosodwyd tri phennill gan Ann Griffiths sy'n dri anghysylltiol o dri emyn gwahanol ac a godwyd yn syth o *Emynau'r Eglwys*, sef 'Dyma babell y cyfarfod', 'Ffordd a drefnwyd cyn bod amser' a 'Llesg bererin gan y stormydd'. Rhyfedd, rhyfedd yn wir. Efallai y daw mwy o oleuni o'r gyfrol ar Ann Griffiths sydd i ddod o wasg enwog Gregynog — yr olaf oddi yno o bosibl. Ond un gair sydd yna i ddisgrifio *Emynau'r Llan* — campus.

CARIAD AT RYFEL
15 Tachwedd, 1997

Wythnos i gofio oedd hon i fod — cofio am ryfeloedd ac am golledion calonrwygol. Ond hawliwyd y penawdau gan deyrnged geneth bedair ar bymtheg a aeth o Loegr yn forwyn fach i ofalu am faban Americanwyr oedd rhy oludog iddyn nhw ofalu amdano fo ei hunain — gyda chanlyniad trychinebus. A hyd yn oed un stori o Gymru yn cyrraedd papurau newydd Llundain sef, hynt a thynged ficer o Fôn. Dydw i ddim mewn safle i farnu'r forwyn na'r ficer a phe bae'n rhaid i mi ddweud rhywbeth fedrwn i ddim dweud mwy na — pob cnawd sydd wellt.

Ond i roi dŵr oer am ben y breuddwyd nad ydi rhyfel yn waraidd na phosib mwyach daeth yn yr wythnos gofio yma safiad Irac ac enw Saddam Hussein i'n rhybuddio nad yw'r dull bwystfilaidd o setlo gwahaniaethau cydwladol o anghenraid ar ben. A'r cyfan fe ymddengys ryden ni wedi ei ddysgu ydi dysgu bod yna ffyrdd effeithiolach, erchyllach i ymladd rhyfeloedd na gyda milwyr a'u gynnau, am ei bod bellach yn bosib gwasgaru hadau'r afiechydon arswydus megis anthrax, nid yn unig ar fyddinoedd ond ar ddinasyddion yn eu cartrefi. Ar bawb.

Pa mor agos y daethon ni'r wythnos yma i wynebu'r fath argyfwng, Duw a ŵyr — a dyw'r bygythiad ddim wedi diflannu. Ac mi fuasai gweld llywodraeth Lafur yn ein harwain i ryfel y dadrithiad eithaf. Malfinas, Kuwait, Iraq. A'n gwaredo.

Ac yn ystod yr wythnos, cododd hen gwestiwn agwedd yr eglwys Gristnogol at ryfel, ac fe holwyd i ba raddau mae eglwysi heddiw yn dal i dalu'r pris am gefnogi rhyfeloedd ddoe. Mae'n wir bod rhesymau eraill, ond dyma un pan mae aelodaeth eglwysig wedi difrifol leihau ar ôl y Rhyfel Cyntaf. A dyna eglwys gyfansoddiadol Lloegr gyda'i thair ar ddeg o filoedd o eglwysi plwyf a chwech ar hugain o esgobion yn Nhŷ'r Arglwyddi mewn trafferth ychwanegol am fod hyd at fil o eglwysi ceidwadol eu diwinyddiaeth yn bygwth torri'n rhydd i ffurfio Yr Eglwys *yn* Lloegr. Sy'n dwyn i gof mai rhyw ddau can mlynedd yn ôl y ciliodd y Methodistiaid Wesleaidd a Chalfinaidd o Eglwys Loegr ac y datgysylltwyd yr Eglwys yng Nghymru yn llawer diweddarach.

Am ddarlun o'r berthynas rhwng yr eglwys a rhyfel yn yr ugeinfed ganrif rydw i am droi at hen brofiad hen werinwr Cymreig. Profiad Wil Oerddwr.

Uwchlaw Aberglaslyn mae Oerddwr yn un o ffermydd mynyddig mwyaf anhygyrch Cymru. Roedd Syr Thomas Parry-Williams yn perthyn i'r hen deulu o ochr ei fam ac iddo fo roedd ymweld ag Oerddwr megis mynd i'r nefoedd. Ac yma roedd y cymeriad mawr ei gefnder — William Francis Hughes — Wil Oerddwr i bawb, ffarmwr a thipyn o fardd gwlad. Ac yn y Rhyfel Mawr 'slawer dydd roedd yntau'n filwr bychan.

Cafwyd enghraifft o'i deimladau bryd hynny mewn cerdd a ganodd, a'i ddyfynnu — 'yn Ffrainc gyda'r gynnau mawr ynghanol y tân a'r meirw un naw un saith.' Ynddi meddai,

> 'Hwyrach mai ym medd y milwr
> Cleddir finnau ddydd a ddaw.
> Cyn fy mhriddo O! Waredwr
> Golch y gwaed oddi ar fy llaw.

Ond adre'n fyw y daeth Wil Oerddwr a chael Beibl yn bresant gan ei eglwys pan gyrhaeddodd. A'i ymateb i hynny oedd soned gyda'r fwyaf deifiol. Ac mi orffennaf i hefo honno yn ei chyfanrwydd sur.

> Bûm innau tua Somme a thir Perôn
> Ynghanol brwydrau hyll a thywallt gwaed,
> A hogiau Sir Gaernarfon a Sir Fôn
> Yn sgyrion yn yr wtra dan fy nhraed.
> Deisyfwn cyn fy nghychwyn am y drin
> Prun bynnag a ddown 'nôl ai peidio'n fyw
> Am dynnu f'enw i ffwrdd o lyfrau crin
> Y capel bach, rhag ofn insyltio Duw.
> Ond Beibl hardd yn anrheg roed i mi
> Pan ddeuthum yn fy ôl o'r Rhyfel Mawr
> Gan eglwys anrhydeddus yr M.C.
> A'm henw wedi'i dorri ar ei glawr.
> Syrffedais gymaint ar eu rhodd a'i thruth
> Nes oedi agor clawr fy Meibl byth.

HEN GALEDI
13 Rhagfyr 1997

Yn wleidyddol, fel mae'n dod yn amlycach beunydd, mae'n llawer esmwythach bod yn wrthblaid nag yn llywodraeth. Daeth hynny'n eglur yr wythnos yma pan drodd hyd yn oed mwyafrif llethol Llafur yn faen tramgwydd pan welodd yr Aelodau y medrid fforddio i wrthryfela heb danseilio'r oruchwyliaeth. Daeth dathlu canmlwyddiant geni un o gewri mawr y ganrif, Aneurin Bevan, yn dwyn i gof y gwahaniaeth sydd yna pan ysgwyddir yr awdurdod â'r cyfrifoldeb a phan fu'n rhaid iddo fo gefnu ar egwyddor ei wrthwynebiad i'r arfau niwcliar wrth wynebu ym Moscow un o bwerau niwcliar mwyaf a pheryclaf y byd ar y pryd. A'i ddyfynnu, 'Fedra i ddim mynd at fwrdd y gynhadledd yn noethlymun'.

Ac yn awr llywodraeth Lafur yn gorfod gwneud ac nid dweud — a gwneud heb hwylus godi'r cyllid o bocedi'r goludog, ond yn ddyrys o bobman arall i geisio cadw addewidion.

Er mor ddyrys yw syms y wladwriaeth mae'r werin yn dal i fedru adnabod anghysodeb. Y cwestiwn syml a ofynnir pan mae amaethwyr o bawb yn gwrthryfela ydi — os medr Iwerddon, sydd hefyd yn rhan o'r gyfundrefn Ewropeaidd, gael help i werthu bîff yn rhatach, pam na chaiff amaethwyr Cymru yr un breintiau?

Fel hen hogyn ffarm prin y medraf i adnabod amaethu fel y mae heddiw. Nid datblygiad graddol fu yna ond chwyldro chwarter canrif a ddaeth â'u byd da cyntaf i amaethwyr Cymru cyn i'r cyfan suro.

O sôn am newid byd, rydw innau am droi'n sydyn at rywbeth sy'n swnio'n amherthnasol, sef bod Cardiff City yn nhrydedd rownd cwpan Lloegr i wynebu Oldham. Ddeng mlynedd a thrigain yn ôl roedd Cardiff City yn un o dimau pêl-droed gorau'r byd a nhw enillodd gwpan Lloegr. Â i ddim â chi'n ôl mor bell â hynny ond mi af â chi at flwyddyn neu ddwy cyn y rhyfel ac at hogyn ffarm yn Eifionydd. Y fi. Roeddwn wedi fy nerbyn i'r Brifysgol ond doedd gen i ddim grant ac fel roedd hi yng nghefn gwlad fedrai fy nhad ddim fy nghadw am flynyddoedd ym Mangor. Yr unig ffordd y medrais i fynd i'r coleg oedd i fy nhaid roi benthyg canpunt i 'nhad at fy nghadw.

Ym Mangor bryd hynny y tâl am lety oedd deuddeg swllt yr wythnos, a olygai frecwast dyddiol, cinio go iawn bob Sul, coginio unrhyw beth at brydau eraill, a golchi dillad. Cyd-letywyr yn Ffordd Ffriars oedd hen ffrind ysgol, Griff John Roberts a ddaeth yn fardd coronog, a Robert Owen, tad wedyn i Arwel Ellis Owen a gefais ymhen blynyddoedd yn gydweithiwr ar y rhaglen 'Heddiw' y BBC, a'i actor frawd, Wynford. Griff a Robert Owen yn paratoi ar gyfer y weinidogaeth ac arian pregethu'r Suliau yn eu cynnal.

Fel myfyriwr mi newidiais lety ond arhosodd y tâl yn ddigyfnewid a thrwy newyddiadura ychydig ac ati, medrais gael dau ben llinyn ynghyd cyn y diwedd.

Roedd gwraig lletty Ffordd Ffriars yn ddraig ac yn Saesnes oedd â'i chyllell ynof am ryw reswm. Ond ei gŵr Llew — a alwai'n Loo — yn hollol dan ei bawd ac yn ei ddydd bu'n chwaraewr i Oldham — Oldham Athletic, neu'r Latics ar y pryd, ac ar y Sadyrnau fe fydden ni'n dau yn mynd i wylio Bangor City — a phwy oedd capten y tîm ond Len Davies a fu'n chwarae i Cardiff City pan enillwyd y cwpan. Daeth hyn oll yn ôl i'r cof pan welais bod Cardiff City yn chwarae yn erbyn Oldham mewn gêm yn nhrydedd rownd cwpan Lloegr y tymor yma.

Sut lwyddodd stiwdants yr hen oes i oroesi, y nef a ŵyr. Tecwyn Lloyd, Huw John Huws, Tom Shelton Prichard (tad y penigamp ddarlledwr Gerallt Pennant) — pob un yn feibion ffermydd. A sut llwyddodd yr hen ddraig a'i gŵr Loo a'i chwaer Beatty i fyw ar dri deuddeg swllt yr wythnos, a hynny'n unig pan fyddai'r coleg ar fynd, sy'n ddirgelwch arall.

Mi wn 'mod i wedi crwydro yn y sgwrs ond crwydro wrth geisio dangos i ffermwyr a phawb y bu ac y medrai hyn o fyd fod yn llawer gwaeth.

CARREG FILLTIR
27 Rhagfyr, 1997

A dyma sbloet fawr y Dolig trosodd a finnau wedi'ch cyfarch yn ddi-dor am un mlynedd ar hugain gron, a chithau, diolch i chi, wedi gwrando. Rwy'n dal yng Nghaergaint hefo'r teulu cyn dychwelyd at hanner arall y teulu yng Nghaerdydd a wynebu ar flwyddyn newydd sbon arall.

Diau i chi gasglu bod gen i rywbeth i'w ddweud wrth y trioedd er bod fy mherthynas â nhw'n union yr un fath â pherthynas Syr Thomas Parry-Williams â'r tylwyth teg, sef nad ydwi'n credu ynddyn nhw — ond maen nhw'n bod.

Dydw i ddim yn mynd i ddiflas fanylu ar yr hen flwyddyn ond yn hytrach holi pa rai oedd blynyddoedd mwyaf hanesyddol Cymru. A faint ddaeth i'r meddwl, meddech chi? Ie — tair.

Y gyntaf oedd 1282 pan, ar yr unfed ar ddeg o Ragfyr trwy ddamwain ar lan afon Irfon ym Mhowys, y lladdwyd Llywelyn y Llyw Olaf gan filwr anhysbys o Sais ac y machludodd yr haul ar Gymru a'i thywysogion.

A ddaeth yr ail ddewis â fawr mwy o gysur. Blwyddyn 1536 pan unodd Harri'r Wythfed, brenin Lloegr a gwaed y Tuduriaid Cymreig yn ei wythiennau, Gymru a Lloegr gan ddiffodd pob gwreichionen annibynnol am byth, fe gredid.

Ond daeth dydd Iau gorfoledd i Gymru os ca i droi i Lyfr Du Caerfyrddin. Difia y deunawfed o Fedi 1997, eleni, oedd hi pan ailgynheuwyd y fflam ac yr adenillwyd y cyfle i sicrhau y sylfaen a fedr ddod â'i llywodraeth ei hunan i genedl y Gymru gyfan am y tro cyntaf yn ei hanes.

Fe ddadleuai rhai dros bedwaredd blwyddyn pan oedd Glyndŵr yn gwisgo'i gleddyf, ond gwrthryfel dyrys a fethodd oedd hwnnw.

Ac yma gair bach am yr arfer o sgrifennu 'ym' o flaen rhif blwyddyn. Ond wnaiff trosi *in 1997* i 'ym mil naw naw saith' mo'r tro am na fedrir rhoi 'ym' o gwbwl o flaen unrhyw flwyddyn o'r un dwy fil ymlaen. Felly nid ym mil naw naw wyth y byddwn ni'r flwyddyn nesaf, gobeithio, ond yn un naw naw wyth, megis yn nwy fil ac felly ymlaen.

A braint fwyaf fy mywyd bach i oedd cael byw yn 1997 a chael gweld y wyrth o hunanlywodraeth yn cynnig ei hun. Cam bach mae'n wir, ond y cam cyntaf sy'n cyfrif. Mae cwblhau'r daith yn sialens i'r genhedlaeth newydd.

Ond yr hen flwyddyn ydi hi o hyd a'r Nadolig yn aros

yn y cof, a gan mai yng Nghaergaint, pencadlys Eglwys Loegr yr ydw i, eithaf peth i mi sôn am Archesgob y ddinas honno a'r Eglwys, a sôn yn arbennig am yr hyn mae o newydd ei wneud sef cynnig dwy fil o bunnau am emyn addas ar gyfer y milflwyddiant. Wna i ddim holi i ba raddau y dylesid ystyried emynau'n bethau ar gyfer gwobrwyon ac achlysuron arbennig, dim ond cydnabod bod emynau'n gyffredinol, ysywaeth, wedi hen fynd allan o'r ffasiwn. Yn wir, medden nhw, dim ond rhyw bedwar ar ddeg y cant o'r ychydig o aelodau ffyddlonaf sydd ar ôl yn Eglwys Loegr sy'n agor eu Beibl a hynny'n achlysurol. A mae 'na wrthwynebiad arall, sef, fedrwch chi ordro emynau fel tasen nhw'n sosej?

Mae'n wir y llwyddodd gwobr o dri chant o bunnau Cronfa David James i ddenu emyn, a'r dôn Pantyfedwen, a ddaeth yn boblogaidd ond ei bod yn hawdd i unrhyw emyn gweddol fod yn rhyw how boblogaidd o ystyried y dieneiniad gasgliadau newydd a welodd olau dydd. Ac i gloriannu emyn David James mi wna i droi at John Rowlands. Pan oeddwn i'n gob bychan mi fu John Rowlands yn was am dymor ar ffarm fy nhad cyn mynd wedyn i yrru'r lori laeth i lawr y lôn. A dyma'i ddedfryd o ar emyn Pantyfedwen,

> Hyd gyrion bro'r gogoniant y mae sôn
> Am y siec a gawsant.
> Er hynny, bois, mae'r Hen Bant
> Yn trechu'r emyn trichant.
> A blwyddyn Newydd Dda i chi.

PLANT Y BARDD
3 Ionawr, 1998

Nid cip ar wythnos Nadoligaidd a aeth heibio nag ar flwyddyn newydd sbon sydd wedi agor ei drysau sydd gen i am y tro yma ond stori sy'n cychwyn yn Eifionydd ac yn diweddu yn Unol Daleithiau'r America.

Pan oeddwn i'n gwb o hogyn ysgol roedd yn Llangybi hen lanc meudwyaidd a fedrai fod yn ddigon surbwch ond a oedd hefyd yn berson arbennig iawn. Achos y fo oedd yr olaf un yn nhraddodiad hen feirdd gwerinol Eifionydd, Cybi. Mi fyddwn i yn ei gyfarfod ar fy ffordd i'r ysgol bob bore am mai fo, ar ei draed neu ar ei feic, oedd y postmon a ffarm fy nhad oedd terfyn y daith. Felly mi ddeuthum i'w nabod yn dda.

Ymysg y cyfrolau a gyhoeddodd roedd *Lloffion yr Ardd*, sef cerddi o waith Robert ap Gwilym Ddu na chynhwyswyd mohonyn nhw yng nghyfrol *Gardd Eifion* y bardd ac na ddylesid bod wedi eu cynnwys yn unman arall chwaith ym marn Williams Parry.

Ond am un o straeon Cybi wrthyf i am y Bardd Du rydw i am sôn yn y fan yma. Yng nghartre Robert ap Gwilym Ddu, fferm y Betws Fawr ar gwr y Lôn Goed ac Afon Dwyfach, fe gedwid morwyn. A mawr amheuai mam Robert fod y bardd yn sleifio i'w hystafell wely hi yn y nos. Ar y pryd byddai'r Betws Fawr yn hel eithin mân i'w malu i'r ceffylau. Rwy'n cofio fy nhaid yn gwneud yr un peth, a chofio'r injan falu hefyd gyda'i holwyn fawr. A be wnaeth yr hen fusus cyn noswylio un noson ond gwasgaru eithin mân ar y llawr tu allan i stafell y forwyn. Ac ar hanner nos bu gwaedd — a Robert wedi'i ddal.

Ond yn awr gan gymydog llengar dyna fi newydd gael cip ar ddwy gyfrol Americanaidd newydd sy'n rhoi hanes yr eglwysi Cymraeg a sefydlwyd yn America. Ac yn un gyfrol, *Memory Stones*, beth welais ond cyfeiriad at, a dyfynnu, 'Mary Williams, daughter of Robert ap Gwilym Ddu, a well-known hymn writer.'

Nawr te, roedd y Bardd Du yn tynnu at ei hanner cant pan briododd â merch lawer ieuengach, ac un ferch oedd ganddyn nhw — Jane Elizabeth, neu Siân. Bu hi farw yn ddwy ar bymtheg oed a chofiodd y Bardd yn hiraethus amdani yn un o awdlau marwnadol mawr yr iaith lle sonia am chwilio'r celloedd oedd eiddi a chwilio heb ei chael hi.

Sy'n dod â ni'n ôl at stori Cybi. Ac ar lafar yn Eifionydd roedd yna sôn fod gan y Bardd Du blentyn anghyfreithlon o'r forwyn. Mae Guto Roberts wedi ymchwilio'n ddyfal i'r stori ac nid yn unig wedi llwyddo i'w gwireddu ond wedi darganfod hefyd pwy'n union oedd y plentyn. Y plentyn oedd y Mary Williams y gwelais ei henw yn y gyfrol Americanaidd sydd nid yn unig yn profi ei bodolaeth ond yn datgelu ei bod yn arddel ei thad yn gyhoeddus.

Fe'i henwir yn *Memory Stones* am fod eglwys Gymraeg a sefydlwyd yn Seneca Street, Utica wedi ei hailadeiladu yn 1888 a chael ei henwi yn Moriah ar awgrym Mary Williams, oedd yn aelod ynddi, ac a'i henwodd ar ôl eglwys yr Hen Gorff, Moriah, Caernarfon. Ac ychwanegir fod darlun ohoni hi ar fur yr eglwys hyd y dydd heddiw.

Ac i gwblhau'r stori fe ymddengys y bu Mary Williams fyw nes bod tros y cant oed — hyd yr hen ganrif. Ac fe geir cyfeiriad at ei hanes mewn cyfrol oludog ar deithio Eifionydd sydd wedi ei manwl gwblhau gan Guto Roberts ac a gyhoeddir at y Sulgwyn gan Wasg anturus Carreg Gwalch.

Memory Stones a *Songs of Praise* ydi'r ddwy gyfrol Americanaidd sy'n olrhain hanes yr eglwysi Cymreig. Yn wreiddiol daeth teulu'r awdur, Jay G. Williams III o ochrau'r Wyddgrug ac Aberdaron.

Yn America sefydlwyd 236 o achosion Cymraeg yr Hen Gorff, 229 gan y Sentars sydd, ynghyd â'r Batus a'r Wesla yn golygu codi tros chwe chant o eglwysi Cymraeg yn America. Mae 219 o'r eglwysi yn dal ar eu traed, os collasant yr iaith, a llun o bob un yn *Songs of Praise*. Y pwyslais ar y canu da yn dal — fel y clywais â'm clustiau fy hun yn un ohonyn nhw — Nebo wledig yn Ohio. Mi ymwelais hefyd â hen eglwys logiau coed fechan fach Ty'n Rhos, lle mae'r bachau fu'n dal drylliau'r gwrandawyr yn aros ar y muriau, a lle unwaith mewn oedfa y syrthiodd neidr o'r to. Ond dyna ni, mae oedfaon yn mynd heibio a'r dyddiau wedi'u treulio i mas.

COLLI TRI
10 Ionawr, 1998

Gormod o flynyddoedd yn ôl i mi fentro'u cyfrif yr oeddwn i, fel Golygydd *Y Cymro*, am gael darlun arbennig iawn ar ddalen flaen y papur pan gyrhaeddai rifyn Gŵyl Dewi, gan wneud rhywbeth y bûm i'n ysu am ei wneud ers 'wn i ddim ba hyd, sef cael darlun o eneth hawddgar yn ei gwisg a'i het Gymreig yn dal copi o'r *Cymro* o'i blaen, a hwnnw'n dangos yr union dudalen flaen roedd hi arno — a'r eneth yn y llun hithau'n dal copi a'r union lun arno, a'r un peth ar ôl hwnnw nes i'r llun fynd yn rhy fach i'w weld.

Rhoi'r dasg i dynnwr lluniau medrus *Y Cymro*, Ted Brown, i ddarganfod yr eneth a thynnu'r llun. Mi wnaeth hynny a'r chwip o lun yn cael ei ddoctora a'i ailbrintio gan Geoff Charles ar gyfer llenwi tudalen flaen y papur yn union yn ôl fy mreuddwyd.

Ond ar drothwy'r Calan eleni, wedi Nadolig digon dyrys i luoedd gan fy nghynnwys innau, dyma'r newyddion yn ymddangos am ddau Gymro Cymraeg adnabyddus na welai'r flwyddyn newydd. Un, yr oeddwn yn ei adnabod yn dda, oedd Ronnie Williams, yr actor, a'r llall y daeth y newydd am ei golli yn Lloegr yn hwyr i Gymru, John Elwyn, yr arlunydd y gwyddwn amdano er na chefais y fraint o'i adnabod. A dyna ddau wedi mynd a minnau, gan fy mod i'r hyn ydw i, yn croesi 'mysedd rhag ofn bod y trydydd ar y ffordd.

Ac mi oedd. Nid trydydd ond trydedd. Yr eneth y gwelais ei gwedd gyntaf ar ddalen flaen gofiadwy rhifyn Gŵyl Dewi pell yn ôl o'r *Cymro* ac un yr oeddwn, does fawr yn ôl, wedi ymweld â hi mewn cartref cysurus yn Llandegfan uwchlaw afon Menai yn gwella o'i chlwy. Ac yn wir fel yr oeddwn ar gychwyn ar fy nhaith Nadoligaidd am Gaerdydd a Chaergaint wele gerdyn Nadolig yn cyrraedd oddi wrth Shân Emlyn.

Erbyn hyn roeddwn i wedi dod i'w hadnabod hi a'i hawddgarwch yn dda. A rhyfedd y pethau bach mae pobl yn eu cofio am bobl. Ac wrth gofio pa mor werinol bob amser oedd Shân wrth ymwneud â phawb, cofio hefyd pa mor werinol hyfryd oedd ei Chymraeg, gan gofio'n arbennig gwrando ar y radio lawer blwyddyn yn ôl ar Shân yn sgwrsio ac yn defnyddio gair nad oeddwn i wedi ei glywed ers y dyddiau pan oeddwn yn hogyn ar y ffarm gartref gan fy mam. A dyma fo gan Shân pan soniodd am loifi tatws. A faint sy'n dal i gofio be ydi gloifi? Wel, yn syml, tywallt y dŵr oddi ar datws wedi iddyn nhw orffen berwi.

Gloywi mae'n debyg ydi'r llenyddol ac am Shân fedra i ddim gwneud mwy na glynu wrth y gair. Popeth ynglŷn â hi — ei chanu, ei hymarweddiad, ei chymwynas â phawb, boed gyda'r *Dinesydd* i Gymry Caerdydd neu gyda'r cysylltiad â Chymry Patagonia. Yr holl gyfeillgarwch gwerinol yn loyw.

Am Ronnie, ychydig iawn o loywder fu i'w fywyd o yn y blynyddoedd olaf. Gwaetha'r modd. Cyrhaeddodd yr entrychion yn ei bartneriaeth gyda'r digymar Ryan er nad cywir mai ei eiddo oedd holl sgriptiau'r bartneriaeth fawr. Mor drist, mor druan fu diwedd diddanwr mor ddawnus.

Ac i gwblhau'r triawd — John Elwyn, yr artist o Gymro Cymraeg a setlodd yn Lloegr ond nid heb bortreadu, a hynny'n amgyffredadwy, gefn gwlad a choliars Cymru.

A dyna'r hen flwyddyn hithau wedi mynd a'r un newydd wedi cyrraedd gyda'i surni. Ymrafael diffaith dibwrpas am gyfri'r refferendwm. A llabwst hunanbwysig o sgribliwr o Sais yn ein henllibio ni'r Cymry. A phwy a be ydi o? Dydi o'n neb.

ENID PARRY
24 Ionawr, 1998

Gwaetha'r modd rhaid i mi'ch cyfarch chi mewn tristwch unwaith yn rhagor. Y tro yma colli'r Fonesig Enid Parry yn frawychus o sydyn ac yn chwech a phedwar ugain oed. Priod y diweddar ysgolhaig mawr Syr Thomas Parry. Y drydedd wraig i mi ei choffáu eleni.

Fe'i ganed yng Nghaernarfon ac fe'i bedyddiwyd â dŵr o afon Iorddonen a gafwyd gan y bardd a'r cerddor gwael ei iechyd, Robert Bryan. Roedd o'n ffrind i'w thad, Owen Picton Davies oedd, fel yntau, wedi symud i fyw i Gaernarfon. Picton Davies yn dod o staff y *Western Mail* Caerdydd yn 1907 yn olygydd papurau newydd yr *Herald* — yr *Herald Cymraeg, Caernarvon & Denbigh Herald* a *Phapur Pawb*. Bryd hynny meddai yn *Atgofion Dyn Papur Newydd* roedd yna bedwar ar ddeg o bapurau newydd wythnosol yn cael eu cyhoeddi yng Nghaernarfon, a Picton Davies yn olynu un o olygyddion mawr *Yr Herald*, sef Daniel Rees.

Arhosai Caernarfon y dyddiau hynny yn wir brifddinas yr inc o hyd a'i newyddiadurwyr yn golofnau'r bywyd Cymraeg. Roedd David Rees, golygydd papurau'r *Herald* yn ieithydd ac un o'i gampau oedd trosi *Dwyfol Gân* Dante i'r Gymraeg ond roedd hefyd yn un o'r cerddi mawr cyntaf mewn Eidaleg yn lle Lladin ac yn cynnwys cynllun prydyddol cymhleth tros ben o odli — na fedrid ei atgynhyrchu yn Gymraeg. Yn gwylio gorchest Daniel Rees roedd gohebydd o'r enw T. Gwynn Jones a ymunodd ag o i gyhoeddi drama Saesneg *Dante and Beatrice*, a diau i fesurau newydd Dante ysbrydoli'r gohebydd o fardd i anturio i gyflwyno mesurau Cymraeg newydd a dod yn un o'n beirdd mwyaf.

Ychydig a welodd Enid ar y bwrlwm yma gan i'w thad ddychwelyd yn 1914 at y *Western Mail* yng Nghaerdydd pan oedd hi'n brin deirblwydd oed ac yr oedd hi'n fyfyriwr cerddoriaeth yn y Brifysgol yng Nghaerdydd pan oedd Thomas Parry yn ddarlithydd yn yr adran Gymraeg yno. Nid cywir iddo ef erioed ddarlithio iddi hi. Ond pan oeddwn i'n fyfyriwr ym Mangor ar y dydd o Fai pan oedd angladd yr hen Archdderwydd Gwili fe briododd Thomas Parry ag Enid Picton Davies. Yr oedd wedi codi tŷ newydd heb fod ymhell o safle'r BBC ym Mangor a gyferbyn â chartre'r Sam Jones chwedlonol. Pan oedd yn dyfalu beth i alw'r tŷ dyma'i gefnder, Robert Williams Parry, yn dod i'r adwy hefo awgrym cellweirus nad oedd yn fawr o help. Roedd hi wedi dod yn ffasiwn i gyfuno enw'r gŵr a'r wraig ble medrid yn enw ar y tŷ. Awgrym Williams Parry oedd Tomen. Ond Peniarth a ddewiswyd.

Rwy'n cofio'r pâr ifanc yn dychwelyd i Fangor ac nid yn unig yn cofio croeso'r stiwdants ond cofio hefyd mai Mrs Tom Parry oedd un o'r merched harddaf a welais i erioed.

Fe fu'r ddau'n garedig iawn wrtha i pan gefais i bwl o afiechyd pan oeddwn yn y coleg gan fynnu fy mod yn dod i nôl cinio atyn nhw er mwyn cryfhau. Cedwais y berthynas â'r ddau ddyddiau'u hoes, ymwelais â'r Fonesig Enid cyn y Nadolig a chael sgwrs deliffon hefo hi ryw wythnos cyn ei marw syfrdan o sydyn. Roedd ei chymeriad hawddgar a'i barn annibynnol yn parhau'n loyw, a'i diddordeb cerddorol yn eang er na chyhoeddodd fwy nag un gyfrol *Wyth o Ganeuon Gwerin* lle cafwyd geiriau ychwanegol ar gyfer yr alawon gan Syr Thomas Parry. Ond ar wahân i hyn fe ysbrydolodd Gymry athrylithgar eraill i astudio a chadw'n halawon gwerin a'u llên. Fe'i collir gan lawer.

Ac i fynd at rywbeth hollol wahanol — cyfaddefiad Siôn Aubrey ar raglen hanesyddol ar S4C o'i ran yng ngweithgarwch Meibion Glyndŵr, heb enwi Meibion eraill, a'i benderfyniad i lynu wrth ddulliau democrataidd. Anodd deall y symbyliad tu ôl i'r cyfaddefiadau y mae'r heddlu'n mawr ymddiddori ynddyn nhw. Ond un peth na ddilynwyd mohono'n ddigonol yn y rhaglen deledu oedd iddo hefyd ddal i ddweud nad oedd a wnelo fo o gwbl ag anfon y pecynnau ffrwydrol trwy'r post — ac am hynny, ac nid am fod yn un o Feibion Glyndŵr nac am losgi tai haf y cafodd ei garcharu. Felly dydio ddim wedi cyfaddef popeth.

Y BYD NEWYDD
21 Chwefror 1998

Yr un wennol a gyrhaeddodd Sir Benfro o leia'n argoeli gwanwyn a bywyd newydd. Ond, wele benwythnos dyngedfennol. Yn Iwerddon y bomio yn bygwth pob datrysiad i'r broblem ond y bomio ar Irac gan Brydain ac America i fod i baradocsaidd setlo'r broblem honno. Y bomiau sy'n bownd o ddisgyn ar ei gwerin ddiamddiffyn nid ar y Saddam diogel wrth weld y ddeddf yn anrhydeddus ond y troseddwr mawr yn rhydd. Dim ond pump ar hugain o Seneddwyr yn y ddadl fawr oedd gyda Tony Benn yn erbyn i Brydain fynd cyn belled, ac yn eu plith dim ond pedwar aelod Plaid Cymru ac — a gwrandwch — Llew Smith Blaenau Gwent. Ydach chi'n ei gofio fo?

Rydw innau am droi oddi wrth drallodau beiau bywyd y byd mawr at fy myd bach fy hun. At bwt yn newyddion lleol yr *Herald* dan Pencaenewydd. Meddai, 'Bu farw Mrs Maggie Lizzie Adams, Bryn Graianog, Pencaenewydd yn dair ar ddeg a thrigain oed'. Arwyddocâd arbennig i mi onid i chi. Mi ddweda i pam.

Wedi imi hen ffarwelio ag Eifionydd mi fyddwn i, fel pawb, yn methu â chysgu ambell noson a'r hyn fyddwn i'n ei wneud fyddai mynd, yn y meddwl, heibio i'r ffermydd roeddwn i gynt yn eu hadnabod mor dda yn hen blwy Llangybi. Mi dreuliais i hanner fy mebyd efo 'nhaid a nain yn Nhyddyn Bach, ar gwr plasty Glasfryn y mae teulu Williams Ellis yno o hyd, a chartre 'nhad a mam ym mhen eithaf arall y plwy yn Tyddyn Cethin sydd ar y terfyn â Mynachdy Bach lle'r anhapus dreuliodd Robert ap Gwilym Ddu ei hirion, hwyrion oriau, a Choedcae bach lle maged Nicander ar y terfyn arall. Wrth fynd o un cartref i'r llall ac i Ysgol Llangybi rhwng y ddau, roeddwn i'n gyfarwydd iawn â'r ffermydd.

Ond o fynd rownd a rownd yr hen lefydd yn y meddwl a thros flynyddoedd dyma sylweddoli y bu yna chwyldro yng nghefn gwlad am nad oedd erbyn hynny, ac erbyn heddiw'n sicr, yr un teulu oedd yno pan oeddwn i'n blentyn yn dal i fyw mewn dim ond un neu ddwy o'r holl ffermdai. Roedd yr hen deuluoedd wedi hen adael tir —

nid i fferm gyfagos ond wedi diflannu, y rhan fwyaf ohonyn nhw oddi ar wyneb daear.

Teuluoedd newydd, yn cynnwys Saeson, ar un ochr i Garn Bentyrch. Ym Mhen-y-bryn, Heulfron, Bryn Gorlan, Tan Bryn, Mur Cyplau, Maen-llwyd, Cefn Cae'r Ferch lle bu'r cymeriad o hen radical Richard Thomas, Tŷ Capel Sardis, Tŷ Newydd, Cae'r Weirglodd. Pob aelwyd o'r newydd.

Ar ochr arall Garn Bentyrch mae Pant Moeliad, Glasfryn Fawr lle bu Howel Harries ar ymweliad, Tan Llyn, Ffarm Pencaenwydd, 'Rorsedd Fawr, Cil'radwy, Cae Newydd, Tyddyn Ucha, Cae'r Tyddyn, Pentyrch Isa, Cae Newydd, Plas Du lle maged John Owen yr epigramydd Lladin ac un o gynllwynwyr Brad y Powdr Gwn, Tŷ Newydd, Coedcae Gwyn, Cefn Coch, Capel Helyg, Lôn Las, Bodowen lle ganed fy mam, Tyddyn Llan, Glan Gors, Pentyrch, Bryn Selyf hen gartref Selyf, cymwynaswr mawr Cerdd Dant, Coed Cae Bach. Pob enw yn Gymraeg a phob teulu'n newydd a bellach ddim i gyd yn Gymry.

Dim ond yn Fronolau ac mewn un arall o'r ffermydd yr arhosodd yr un teulu oedd yno pan oeddwn i'n mynd i'r ysgol gyda Peter Jones oedd yr un oed â mi, a'i ddau frawd a'i chwaer ieuengach. Y ffarm honno oedd Bryn Graianog wrth odre Garn Bentyrch a'r chwaer oedd Maggie Lizzie y gwelais gyhoeddi yn *Yr Herald* ei bod hithau wedi gadael tir.

Rwy'n adrodd y stori leol am ei bod hi'n stori genedlaethol hefyd ac yn ddarlun o'r anfadwch mawr a darawodd gefn gwlad, sef ansefydlogrwydd. Hyn wedi'i gwneud hi'n ddychrynllyd o anodd i gynnal a chadw traddodiadau'r broydd am nad ydi'r un genhedlaeth yno i drosglwyddo'r etifeddiaeth i'r llall. Ychwanegwch y ffaith bod Saeson wedi meddiannu cyfran o'r etifeddiaeth a bod yn yr hen blwy dair efail gof, dau weithdy coed, ffatri gaws, melin ŷd, siop a thafarn wedi cau — a dyna ni mewn byd newydd.

I ddychwelyd i'r byd newydd yma ac i Irac. Ar glawr y cylchgrawn dychanol *Private Eye* mae darlun o Tony Blair a Paddy Ashdown yn yfed te a sgwrsio ac meddai Blair wrth drafod arfau marwol Saddam Hussein, 'Sut gwyddom ni fod yr arfau yma ganddo fo?' Meddai Ashdown, 'Am mai ni a'i gwerthodd nhw iddo fo!' Rhyfedd o fyd.

YR ERGYD
14 Mawrth, 1998

Fu cynnal hon na'r sgwrs o'i blaen, rhyngom ni a'n gilydd, ddim yn hawdd, ond mi ddof at hynny.

Rhyw wythnos o ddisgwyl fu hi yn hytrach nag un o newyddion mawr. Yma yng Nghymru y disgwyl mawr fu, a'r holi mawr, ble yn union y cartrefai'r Cynulliad, ac o'r diwedd dyna ni'n gwybod — yng Nghaerdydd, y brifddinas, y bydd, er na wyddom yn union ymhle ond bod cartref newydd sbon i'w godi. Ond mae'r gystadleuaeth iachusol amdano trosodd ac yn awr ymlaen â'r gwaith o roddi mwy a gwell rheolaeth i Gymru drosti ei hun.

Yn Iwerddon y disgwyl mawr fu am gynllun — bron na ddywedais am dric — a ddeuai â threfn a heddwch parhaol i'r Ynys, ond gan mai yn y bôn brwydr rhwng y rheini sydd am un Iwerddon a'r rhelyw sydd am ddwy sydd yma, peidier â disgwyl gormod, er bod llywodraeth Iwerddon Weriniaethol yn ystyried tynnu o gyfansoddiad y wlad y cymal lle yr hawlir awdurdod dros Iwerddon gyfan, sydd yn ystyriaeth sylfaenol fawr. Ond mae gan y Gwyddelod eu sefydliadau mwy milwriaethus fydd ddim yn ymateb yn ffafriol i hynny chwaith.

Ond i droi at rywbeth arall a'm poenodd i. Roeddwn i'n dychwelyd yn ddigon penisel o Gaerdydd i Wynedd yn ystod yr wythnos. Cyn cyrraedd Llanfair-ym-Muallt beth welais i ond rhybudd dwyieithog fod yna waith atgyfnerthu ar wal ar ochr y ffordd ymhellach ymlaen. Y gair *cryfhau* ar y rhybudd wedi ei sillebu *cryfhay* — ie, *y*. Yn nes ymlaen, ar gyrion Pontnewydd-ar-Wy (ac ym mha iaith arall y clywsoch chwi enw fel'na?) roedd rhybudd dwyieithog arall na fedrais weld mwy na darn o'i Gymraeg. Ceisio dweud roedd o i bwy roedd y flaenoriaeth lle'r oedd y lôn yn culhau. Gair cyntaf y rhybudd yn rhoi *drod* am *dros*. Roedd hi'n beryglus i stopio i gofnodi'r gweddill. Yna ymhen ychydig filltiroedd, wir yr, wele'r trydydd anfadwaith. Mi stopiais i gopïo hwn. Meddai, yn ei Saesneg perffaith: *Joining traffic under signal control*. Yn y Gymraeg honedig: 'Traffig yn *ymunu yw'n* cael ei reoli gan oleuadau'. Rhybudd i'ch diogelu sy'n gwneud dim ond eich peryglu. A dyma finnau yn fy ôl at hen ddweud, sef mai dinistr ar ewyllys da ac iaith yw gosod rhybuddion cyhoeddus cyn gofalu am eu cywirdeb. Beth mae'r Bwrdd Iaith am ei wneud?

Dros y maith flynyddoedd mi goffeais yn y fan hyn ugeiniau lawer o'n colledion mawr a mân, ac wele fy nhro innau wedi dod i orfod diweddu yn boenus o bersonol. Mi gollais fy niddig, unig eneth. Roedd hi'n flwyddyn pan ddaeth yr ofnadwy ryfel byd i ben ac yn ddyddiau pan etholwyd llywodraeth Lafur fawr Attlee pan aned hi a phan enwyd hi'n Ffion, sy'n enw cyffredin bellach, a allasai gyrraedd 10 Stryd Downing gyda'r ail Gymraes i gyrraedd. Ond dros ddeuddeg a deugain mlynedd yn ôl nid oeddwn i'n gwybod am yr un enaid byw o Ffion arall. Ac rydych chwi wedi fy nghlywed i hyd syrffed rhwng difrif a chwarae yn cyfeirio at amlder y ffigur tri yn ein byw a'n bod. Ffarweliodd Ffion â ni i gyd ar y drydedd awr o'r trydydd dydd o'r wythnos ar y trydydd mis o'r flwyddyn. Mynd yn ysglyfaeth i'r gelyn mawr canser a gipiodd ei mam a gormod o gydnabod pawb.

Bu'n dioddef o'r clefyd am dair blynedd gan lwyddo i guddio'r cyfan rhag y ddwy ferch (fy nwy wyres) a minnau, rhag i ni ymboeni. Fe'i celodd cystal fel na wyddwn i amdano hyd ddau ddiwrnod cyn y golled. Roedd yn benderfynol o fyw bywyd normal digwyno a pharhaodd yn athrawes Ffrangeg ac Eidaleg yn ei hysgol yng Nghaergaint tan y Nadolig. Mor ddiweddar â Mawrth Ynyd roedd yn y gegin yn gwneud crempog i'r teulu. Daeth y diwedd gyda sydynrwydd ysgytwol.

Y cyfan fedraf i ei wneud ydi diolch i chwi a lifeiriodd eich cydymdeimlad ataf i a'r teulu bach. Dyna gyfran o'r cysur. A'r gyfran arall oedd maint cefnogaeth cymdogion Caergaint i'r teulu trallodus. Yn y cartref nos cyn yr angladd roedd ffotograffydd o Milan na fedrai siarad dim ond Eidaleg — fo a'i wraig; gwraig o

Valencia gyda'i Sbaeneg yn unig; athrawes o Riems; myfyrwraig o Tokyo a'r dyrfa ddaeth i'r angladd, yn dangos y parch oedd iddi hi ac yn help i mi i adfer fy ffydd ym meidrolion y ddynoliaeth sydd, wedi'r cyfan, yn medru meddwl am rywbeth heblaw hwy eu hunain.

Dros yr wythnos a'r misoedd diwethaf yma fe barhaodd y cof a'r galar am Diana. Ond Hon oedd fy nhywysoges i.

CYFAMOD DISIGL
11 Ebrill 1998

Argyfwng gweinyddol dwy ynys — Iwerddon a Môn — fu'n hawlio'r penawdau, ond rydw i am ddechrau ac am ddiweddu ym Mhenllyn, sy, gyda'r Bala yn brifddinas, yn aros yn un o'r ardaloedd Cymreiciaf gyda'r parch at y 'pethe' yno o hyd. Mi ddois yn gyfarwydd â'r fro trwy fy hen gyfaill gwiw Tecwyn Lloyd a chael braint o gwrdd â mawrion fel Llwyd o'r Bryn a Bob Tai'r Felin, cymeriadau fel R.O. Ffôr Cro dyma fo, deinamo fel Tom Jones, ac ymysg y rhai sy'n aros efo ni colofnau fel Emrys Jones ac Ifor Owen. Ond nid y diwylliant Cymreig yno yn unig a aeth â 'mryd yr adeg yma o'r flwyddyn ond yn arbennig gwersyll Fron-goch a thynged Iwerddon.

Pan oedd hi'n Basg 1916 roedd yn un anarferol o hwyr — y Sul ar 23 Ebrill — y dyddiad y bu Ceiriog farw ddeng mlynedd ar hugain ynghynt. Y Pasg hwnnw taniodd y gwrthryfel ar strydoedd Dulyn gan ladd ac anafu mwy o ddinasyddion diniwed y ddinas nag a ddifethwyd o'r gwrthryfelwyr a'r fyddin Brydeinig.

Canlyniad hyn fu carcharu 3,000 o Wyddelod, 2,500 ohonynt yn Lloegr cyn symud 1,800 o'r rheini i wersyll Fron-goch ger afon Tryweryn, lle cedwid carcharorion rhyfel Almaenig, a lle bu hen waith wisgi. Buont yno o Fehefin tan y Dolig cyn eu rhyddhau. Yn Fron-goch y bu Michael Collins, Tomas MacCurtain, Terence MacSwiney, a nhw a'u tebyg a sefydlodd yno y mudiad a dyfodd yn IRA. I gwblhau'r stori fe saethodd ei gydwladwyr Michael Collins wedi iddo arwyddo'r cytundeb i rannu Iwerddon a gynlluniodd Lloyd George. Fe lofruddiwyd Tomas MacCurtain hefyd a bu Terence MacSwiney, a ddaeth yn Arlgwydd Faer Cork, farw dros ei egwyddorion wedi ympryd o bedwar ar ddeg a thrigain o ddyddiau yng ngharchar Brixton.

Mae'r gwersyll ym Mhenllyn ar fy meddwl yn awr am mai yno y cwblhawyd y trefniadau ar gyfer y frwydr dros annibyniaeth Iwerddon ac a arweiniodd at y cytundeb tyngedfennol a rannodd yr ynys yn ddwy. A'r union ddyddiau Pasg yma, wedi saith deg saith o flynyddoedd gwaedlyd, y daeth yr ymgais hanesyddol ddiweddaraf, beth bynnag am yr olaf, i ddatrys y broblem.

Heb gyfle i ymhelaethu ar effaith a thynged yr ymdrafodaeth rhwng y pleidiau dig yn Belfast mi fodlonaf am y tro trwy ddweud bod mynd cyn belled ag yr aed yn wyrth. Dylid dal mewn cof nad terfynol benderfynu union ddyfodol Gogledd Iwerddon oedd yma ond cytuno ar bosibiliadau i'w gosod gerbron De a Gogledd mewn refferendwm gyda bendith y gwahanol garfanau — ac eithrio rhai fel un Paisley. Posibiliadau hanesyddol nad oedd yr un blaid yn gwir gefnogi'r cyfan ohonyn nhw ac yr hyderid a ddeuai â heddwch yn ei sgîl ond a fyddai hefyd yn rhwyddhau'r ffordd tuag undeb rhwng y ddwy Iwerddon. Ai carreg filltir ynteu carreg fedd sydd yma? Amser a ddengys.

Yn ôl i Benllyn a'r Pasg — amser y byddem ni deulu bach yn crwydro ynghyd i sioe Nefyn ar Lun y Pasg neu i rywle efo'n gilydd. Eithr angau a ddaeth rhyngom. Ond ym Mhenllyn mae hen arferiad cyfareddol yn dal mewn bri. Am dri o'r gloch union ar Wener y Groglith wele stopio steddfod flynyddol Llandderfel i'r gynulleidfa godi a chanu emyn Huw Derfel, 'Y gŵr a fu gynt o dan hoelion' ar yr alaw Gymreig 'Hen Ddarbi'.

Eleni, roedd y steddfod yn gant oed. Ac ai am y canfed tro y canwyd yr emyn? Eithaf posib. Mae cofnod iddo gael ei ganu o 1918 ymlaen, sef ond wyth mlynedd wedi marw Huw Derfel, a oedd yn fab melinydd Llandderfel, a gwblhaodd ei oes yn chwarel lechi y Penrhyn.

Cynhelid eisteddfodau cynnar Llandderfel mewn sied wair neu gapel cyn codi'r pafiliwn yn 1927 a daw'r emyn o benillion helaethach Huw Derfel Hughes, un o hynafiaid Syr Ifor Williams, i'r Cyfamod Disigl a gyfansoddodd pan oedd o'n mynd a dod dros y Berwyn i'r cynhaeaf gwair yn Lloegr a'i bladur ar ei gefn. Bellach mae gormod o'n cydwladwyr yn rhai na wybu am Williams a'r hen emynau ac Ann yn anadnabyddus iddyn nhw, a geiriau 'Mae'r gŵr a fu gynt o dan hoelion' yn hollol ddiarth. Felly, dyma nhw — *iddyn nhw*:

> Y Gŵr a fu gynt o dan hoelion
>   Dros ddyn pechadurus fel fi,
> A yfodd y cwpan i'r gwaelod
>   Ei Hunan ar ben Calfari;

Ffynhonnell y cariad tragwyddol,
  Hen gartref meddyliau o hedd;
Dwg finnau i'r unrhyw gyfamod,
  Na thorrir gan angau, na'r bedd.

DATHLIAD — A'R NEWID
18 Ebrill, 1998

Fu'r dyddiau oddeutu'r Pasg mo'r rhai gorau yn fy mywyd bach i. Dyma'r adeg pan gollais i briod a brawd a merch — a rhyw hel meddyliau, ac yr oedd gen i lot i'w hel oedd fy stori i pan ddaeth y gwyliau Pasg yma. Ond mi fûm ar un sgawt na fynnwn ei cholli. I ble? Wel, i Aberystwyth lle'r oedd y Doctor Meredydd Evans a'i briod, Phyllis, yn dathlu hanner can mlynedd o fywyd priodasol. Hen ffrindiau calon a phedwar ugain o bobl o bob gradd wedi ymuno i gyfarch gwell yn Neuadd Joseph Parry — y neuadd sy'n glynu wrth enw'r cerddor mawr i atgoffa Coleg Prifysgol Cymru Aberystwyth eu bod nhw wedi'i anghofio fo a cherddoriaeth Cymru.

Mae pawb yn nabod Merêd, a gafodd bwl o waeledd a Doethuriaeth anrhydeddus, fel Cymro, fel Cristion, fel cerddor, fel cyfaill, fel cymwynaswr ac ysgolhaig — yn ei nabod mor dda fel na raid i mi ymhelaethu. A does 'na ddim gormod i'w ddweud am Phyllis, ac mi ddeuda i hyn yn unig. Sef y dylesid fframio a gosod ar silff ben tân pob aelwyd Gymreig yr araith a wnaeth yr Americanes athrylithgar hon yng Ngŵyl ddiwethaf Cerdd Dant, pe ond i godi cywilydd ar ormod ohonom ni'r Cymry Cymraeg.

A gan mai sgwrs o edrych yn ôl mae hon yn mynnu bod, ac ar nodyn fymryn yn ysgafnach, rwy'n cofio beth ddywedodd Phyllis wrth Merêd yn ei Hamericaneg ddyddiau pell yn ôl cyn iddi ddod yn gystal Cymraes: 'Merêd,' meddai hi, 'I don't mind you trying to save Wales — but, must you do it all by yourself?'

Mae wythnos, yn ôl Harold Wilson gynt, yn amser maith mewn gwleidyddiaeth — a hanner can mlynedd mewn popeth yn hirach byth a llawnach o gyfnewidiadau, fel y cefais y cyfle i'w brofi. Ac ar wahân i Sioe Nefyn, sy'n dal ar ddydd Llun y Pasg o flaen pob sioe arall gan ddal i gael ei llwyr ddiystyru gan y *Daily Post*, mae'r newid a'r dirwasgiad ar gerdded dychrynedig trwy'n cefn gwlad. Ac fe godwyd mymryn ar gwr y llen pan ymwelodd S4C â ffarm yn Llŷn ac yn Eryri — ardaloedd rwy'n gynefin â nhw — lle'r oedd yno bobl go iawn ac nid ystadegau.

Yr ystadegau eisoes wedi dangos gostyngiad hyd at drigain y cant yn incwm blynyddol amaethwyr Cymru. Ond medrodd Nia Thomas, sy'n ferch ffarm o Fôn ac Anna Marie Robinson, sydd â'i henw'n dal i fy nghyfareddu, daclus gyflwyno ymateb dynol y cig a'r gwaed Cymreig i ni. Y syfrdandod i mi, sy'n hogyn ffarm ydi sut y medrodd ffarmwr ifanc a'i briod fynd i chwarter miliwn o ddyled mewn dim amser. Ond efallai y medrwn i osod hynny mewn rhyw fath o gefndir gan awgrymu'r chwyldro mewn ffarmio pe bawn i'n adrodd stori fy nhaid — a fy nhad hefyd.

Bu fy nhaid yn denant tyddyn Bodowen ar gwr pentref Llangybi yn Eifionydd cyn symud i ffarm beth yn fwy, Tyddyn Bach, Pencaenewydd ym mhen arall y plwyf ar stad Glasfryn, eiddo teulu Clough Williams Ellis.

Am drigain mlynedd y llafuriodd fy nhaid cyn riteirio a fi a'i helpodd i gyfrif ei enillion cyn gwneud ei ewyllys. Fe'i hystyrid yn ŵr cysurus ei fyd ond ei holl eiddo daearyddol oedd ychydig tros dair mil o bunnau — a fu ganddo erioed lyfr siec. Roedd wedi gwneud yn wyrthiol yn ei gyfnod, wedi medru cynilo, ar gyfartaledd, bunt bob wythnos tros drigain mlynedd i gyrraedd y tair mil.

Mi feddyliais hefyd am galedi fy rhieni cyn iddyn nhw symud i well ffarm ar gwr Eifionydd a llwyddo i'w phrynu am chwe mil o bunnau yn y chwedegau. Pan fu'n rhaid ei gwerthu ryw ugain mlynedd yn ôl roedd hi'n werth deg gwaith ar hugain hynny, a nef a ŵyr gwerth faint heddiw. Cymaint ydi maint a chyflymder y newid. Ac mor bell ydan ni o'r adeg pan oedd fy nhad yn gwerthu heffrod am wyth bunt a aeth yn werth cannoedd.

Cododd popeth i'r entrychion. Y peiriannau a'r tractorau a phob peth i gadw yn y gystadleuaeth, y llafur, y blawdiau, y stoc, y tir a'r prisiau yn eu heithafion. Y costau mor fawr nes gwneud y car yn y garej yn werth llawer mwy o bunnoedd nag a fedrodd fy nhaid ei hel mewn trigain mlynedd — a'r posibilrwydd o fynd i chwarter miliwn o ddyled yna heb i chi wneud un dim o'i le. Un dim o'i le ond mynd i ffarmio.

Ond yr hyn i'w gofio ydi na fedrodd y ffarmwr Cymreig cyffredin wneud mwy yn ei holl hanes na chrafu byw nes daeth y blynyddoedd wedi'r Ail Ryfel Byd, a'r dyddiau gorau hynny sy'n diflannu nawr gan beryglu dyfodol cefn gwlad a'r diwylliant a'r Gymraeg ei hunan.

GAIR NEU DDAU
25 Ebrill, 1998

Nid yn unig mae dyfodol y Gymraeg yn destun ingol, ond mae 'na ddiddordeb iachus yn y gorffennol hefyd, yn arbennig yn y llysoedd, a'r hyn a wnaeth glewion fel Lleufer Thomas, Artemus Jones a Henry Morris Jones trosti ac y cofiwyd am eu cyfraniadau gan driawd megis yr Arglwydd Prys Davies, y Barnwr Watkin Powell a'r bargyfreithiwr Robyn Lewis. Ac wele astudiaeth newydd gan ddau o'r triawd olaf yma o hynt a helynt yr heniaith yn y bywyd cyhoeddus a'r llysoedd. Darlun yr Arglwydd Prys Davies yn y *Traethodydd* a chyfrol Robyn Lewis, *Cyfiawnder Dwyieithog* am dair punt ar ddeg ond pum ceiniog o wasg glodwiw Gomer. Cyfrol sy'n ddwyieithog a'r cyfieithu ynddo'i hun yn werth sylw am y llu o dermau llys a chyfraith sy'n newydd i'r rhan fwyaf ohonom yn y Gymraeg.

Dydw i ddim yn gymwys i adolygu'r gyfrol yma ond purion iddi fod wrth benelin pawb sy'n ymhel â'r gyfraith yng Nghymru pe ond i'w cyson atgoffa o safle swyddogol y Gymraeg. A rhaid cymeradwyo cyfraniad goleuedig sylweddol yr Arglwydd Prys Davies yn y *Traethodydd* lle ceir darlun o hanes y Gymraeg yn y llysoedd a'r gyfraith. A diolch i'r hen gylchgrawn oroesi i fedru croesawu astudiaeth gynhwysfawr o'r fath.

Y sefydliad swyddogol sy'n gyfrifol am dynged y Gymraeg ydi'r Bwrdd Iaith. Ac mae'n rhaid dal i holi, fel y gwna'r *Traethodydd*, pam y penododd y Swyddfa Gymreig bwyllgor dethol dan yr Arglwydd Prys Davies i ystyried pa gamre ymarferol mewn bywyd a chyfraith y dylesid eu cymryd i ddiogelu'r iaith, ac yna, wedi cyhoeddi ei adroddiad ei adael i hel llwch. Gyda grym yn ei argymhellion mi fuasai corff cyfrifol yn goruchwylio'r iaith ac yn safoni'r llu mawr o dermau newydd y byd newydd ac yn arolygu'r cwmnïau cyfieithu. Y gost fuasai rhyw dri chant a hanner o filoedd o bunnau'r flwyddyn sy'n ddim ond piso dryw yn y môr wrth ystyried cyllid y loteri yn unig.

Mi dreuliaf innau weddill fy nhipyn amser yn canolbwyntio ar y busnes cyfieithu yma. Ystyriwch y slogan ddwyieithog sydd ar faniau'r post sef, 'Meddyliwch am lythyr — Think of a letter'. Mae'r Gymraeg ar y top ond yn amlwg y Saesneg ddaeth gyntaf. I aralleirio Robyn Lewis a George Orwell, mae'r Gymraeg a'r Saesneg yn gyfartal — ond y Saesneg yn fwy cyfartal. Yn Saesneg gall 'letter' olygu llythyr neu lythyren o'r wyddor — dyna ergyd y slogan. Ond llythyr a llythyren ydi hi yn Gymraeg — a'r trosi prennaidd o'r Saesneg wedi colli'r holl glyfrwch. Ond, am lythyr mae 'gair' yn gyffredin yn Gymraeg — anfon gair. A rydd y cyfle i roi, nid meddyliwch am lythyr, ond meddyliwch am air.

Biti ei bod yn anymarferol i Robyn Lewis fedru dyfynnu yn ei gyfrol hen gerdd ddoniol, ddeifiol Jac Glan y Gors am gyfieithu llythrennol llysoedd Cymru slawer dydd. Ond mi rof i dair enghraifft wahanol, a go iawn, ichi.

Mewn hen ymchwiliad cyhoeddus fe ddywedodd un tyst am berson arbennig, 'Roedd o'n ddyn cefnog' ac fe'i cyfieithwyd yn 'He was a hunchback'.

Minnau'n cofio problem pan oeddwn yn ohebydd yn y frawdlys yng Nghaernarfon ers talwm. Cael fy ngalw i gyfieithu mewn achos gŵr a lochesodd wrth dalcen y swyddfa bost yn Llanrug lle syrthiodd darn o'r talcen ar ei ben gan achosi anaf a brofodd yn angheuol yn y diwedd. Am y darn a syrthiodd meddai tyst, 'Roedd o'n beryg bywyd.' Mewn penbleth troais at y barnwr, Norman Birkett, i egluro y gallasai olygu rhywbeth gwahanol i'r ystyr lythrennol o beryglu bywyd. Fel enghraifft, gallesid galw person tafotrydd yn beryg bywyd. Gohiriodd y barnwr yr achos tros nos i gael goleuni pellach ar y dywediad.

Stori ddoniolach. Mons Bevan a Wil Napoleon, dau o hen gymeriadau Caernarfon o flaen eu gwell am beidio â thalu am bryd bwyd mewn caffi Sieineaidd oedd newydd ddod i'r dref, a'r perchennog heb y nesaf peth i ddim Saesneg — caffi chinks i'r cofis. Gorfod cael Sieinead arall i'r llys i gyfieithu a phan welodd Mons hynny medda fo yn ei resymeg hiliol ei hun, ''Da ni hefyd isio cál y cês yn Gymraeg 'run fath â'r chink.' Ac yn y tair iaith — Cymraeg, Saesneg a Seineag y llafurus gynhaliwyd yr achos cyn dirwyo Wil a Mons bum punt yr un.

Y CANLYNIAD RHYFEDDOL
8 Mai, 1998

Ac ar wythnos dyngedfennol wele o'r diwedd Gymru wedi cymryd y cam cyfansoddiadol mwyaf yn ei hanes trwy ddewis un llywodraeth tros Gymru gyfan. Cam sydd nid yn unig yn chwyldroi hanes ein gwlad fach ni ond hanes Prydain Fawr. Efallai nad ydi'r Cynulliad yr hollol fath o Senedd y buasai llu ohonom ni'n hollol hapus hefo hi ond y mae'n gychwyn tuag unrhyw nod pellach y medrwn gytuno arno.

Ac wele'r canlyniadau sy'n darogan cyfnod chwyldroadol newydd yn hanes gwleidyddol Cymru. Llafur yn gweld lleihad ysgubol yn y bleidlais trwy Gymru ym mhob etholaeth ond un, gan dalu'r gost am ymyrraeth pencadlys Llundain yn ei photes Cymreig, a Phlaid Cymru, gyda'i hymgyrch eithriadol orau yn yr etholiad, yn gweld cynnydd ysgubol trwy Gymru, cynnydd ym mhob etholaeth a buddugoliaeth syfrdanol yng Nghymoedd ac ardaloedd diwydiannol De Cymru — Islwyn a'r Rhondda a Llanelli yn arwain y syfrdandod. Sefyllfa, pe bai'n un grefyddol, a elwid yn ddiwygiad.

Ond i osod y wyrth yn y cefndir, gadewch i mi'ch atgoffa o seddi Cymreig Tŷ'r Cyffredin — i chi gael cymharu: Llafur — 34, Plaid Cymru — 4, Democratiaid Rhyddfrydol — 2, Ceidwadwyr — 0.

Ac wele ganlyniad etholiad y Cynulliad: Llafur — 28, Plaid Cymru — 17, Ceidwadwyr — 9, Democratiaid Rhyddfrydol — 6.

Yr ystadegau rhyfeddol yna yn golygu hefyd fod Alun Michael wedi sicrhau ei sedd yn y Cynulliad, ond i Lafur fethu â sicrhau mwy na'r cyfan o'r gweddill o'r seddi, fel y dyfelais i, ond gan mai dyma'r blaid gryfaf hi fydd yn llywodraethu ond o dan yr amgylchiadau yn gorfod troi at y Democratiaid Rhyddfrydol i sicrhau rhyw fath o ddealltwriaeth neu fargen i'w cadw nhw mewn grym. Sy'n un o ganlyniadau'r bleidlais gyfrannol — sy'n beth da medd rhai, ond nid pawb. Y canlyniad mwyaf rhyfeddol oedd yr un a sicrhaodd sedd yn y

Cynulliad i Alun Michael, sef buddugoliaeth Plaid Cymru yn Llanelli.

Tristwch yr etholiad hanesyddol yma oedd gorfod cyfri'r nifer o etholwyr na thrafferthodd i bleidleisio i'r un o lywodraethwyr ein gwlad. Hyn er y bu yna doreth o bethau i godi'r galon Gymreig yn ystod y cyfnod o flaen yr etholiad. Ar wahân i ddyddiau o haul — a hwnnw hyd yn oed ar wal y banc, fe fu yna lwyddiannau mawr yn y byd adloniant y mae cynifer ohonom ni'n ymddiddori ynddo fo. Cymru wedi curo tîm rygbi Lloegr ar eu tomen eu hunain. Grwpiau pop Cymreig fel Catatonia yn cyrraedd y brig yn Lloegr — er mai cibddall tros ben fu rhesymu rhai pobl a ddylai wybod yn well mai prif ysgogiad cenedlaethol ieuenctid Cymru heddiw ydi gweld Cymry'n canu'n well yn Saesneg na'r Saeson, sydd ddim cyn gymaint â hynny o gamp.

Ac ar ben gôl y ganrif gan Ryan Giggs wele gnwd o newyddion da y Sadwrn o'r blaen. Tîm pêl-droed y brifddinas, Cardiff City, yn esgyn i'r ail adran, tîm criced Morgannwg yn rhoi cweir annisgwyl i Sussex, Iestyn Harris yn arwain tîm rygbi tri ar ddeg Leeds i ennill y cwpan a champ Mark Williams a ddaeth mor agos i gipio cwpan Snwcer y byd. Hyn oll, a'r gwahoddiad i reoli'n gwlad ein hunain ac eto gormod o'n cydwladwyr heb falio botwm corn pwy sy'n ben arnom ni.

Tuedd y cyfryngau fu canolbwyntio ar yr etholiad yn yr Alban gyda'r un Gymreig yn rhyw bwt yn ei chynffon. Ond nid yn unig rydym ni'r Cymry'n fwy o genedl na'r Scotsmyn ond yn yr etholiad ei hun fe wnaeth Plaid Genedlaethol Cymru yn well nag un yr Alban ac fe'i harweiniwyd yn ddoethach. A'n tasg ni'n awr ydi argyhoeddi'r difraw a'r gelyniaethus nad siop siarad ydi Cynulliad sy'n gyfrifol am wario tros saith biliwn o bunnau yng Nghymru er lles pawb sydd yma. A buan y sylweddolir nad Cynulliad segur fydd yma ond un y sylweddolir nad ydi trigain o aelodau yn ddigon ar gyfer y dasg o'i flaen.

Ac ynghanol y miri a'r dathlu nac anghofiwn golli Ioan Bowen Rees, gweinyddwr, mynyddwr a Chymro a helpodd i wneud y cyfan oll yn bosibl.

HEL TAI
27 Mehefin, 1998

Rhwng cael cip ar y bêl-droed a chael fy syfrdanu gan benderfyniadau dyfarnwyr mi fûm i hefyd yn cael cip ar ein hetifeddiaeth, trwy wneud yr hyn a elwid yn Eifionydd yn hel tai. Ond doedd yna yr un enaid yn byw yn y tai y bûm i ynddyn nhw er mai rhyw alw i hel eu straeon roeddwn innau'n ei wneud.

Roedd dau o'r tai yn blasau byddigions ac yn gadarn ar eu traed er i'r uchelwyr a'u teuluoedd a'u troediodd gynt hen ddiflannu. Ac un o'r ddau, er agosed i mi ydi o, yn fan na bûm i erioed o'r blaen tros y trothwy. Castell y Penrhyn, hen aelwyd Arglwydd Penrhyn a godwyd efo'r elw a ddaeth o lafur llawer hen chwarelwr tlawd a rwygodd o'r graig erwin fara'i blant trwy lafur blin.

Y nef a ŵyr sawl un fu'n saernïo'r meini a chodi tyrau a goraddurno ystafelloedd y castell hwn sy'n cymryd oriau i grwydro trwyddo. I bobl Bethesda a'i hen chwareli llechi erys y castell yn gofgolofn i drachwant ac anghyfiawnder, ond i ymwelydd mae'n ddarlun o ffordd o fyw byddigions oes Fictoria. Achos fe fu'n rhaid ildio'r adeilad i dalu treth yr etifeddiaeth — y *death duty*, a'i adael yn eiddo i'r Ymddiriedolaeth Genedlaethol. A'i apêl i ddieithryn fel fi ydi'r ffaith fod yr holl le o'r bwtri i'r neuadd wledda wedi ei adael am byth yn union fel yr oedd — yn union fel pe bai teulu'r Penrhyn newydd godi'u pac ac ymadael.

Cyn mynd yno roeddwn i wedi gweld o bell fod y lle yn enfawr — ac yn edrych fel castell. A fedrwn i ddim meddwl am unman mwy anghysurus a rhynllyd i geisio byw ynddo fo. Ond roedd y sawl simdde fawr ac yn wir y gwres o dan y lloriau yn tueddu i ddryllio'r ddelwedd ac i gadarnhau fod y byddigions yn byw fel — wel, fel byddigions.

Mi ymwelais â'r ddau hen gartref arall pan ymunais â thrip Clwb Eryri — clwb bach yn Llanberis sy'n cwrdd unwaith y mis yn ystod misoedd y gaeaf am ddarlith a sgwrs. Y Sadwrn diwethaf oedd hi a'r ymweliad cyntaf â'r Plas Mawr a godwyd gan Robert Wynne o deulu Gwydir y tu mewn i hen furiau Conwy yn oes yr Elisabeth Gyntaf. Rhyw atgof o bensaernïaeth castell yma hefyd a'r adeilad a'i dyrau wedi cadw'n eithriadol o dda er nad oes ar ôl yma y cyfoeth o ddodrefn sydd yng nghastell y Penrhyn. Ond y mae yma egluro popeth yn daclus tros ben, ond yn Saesneg, i gyflwyno sut yr oedd pethau 'slawer dydd.

Ond at y trydydd cartref rydw i'n dod. Tŷ Mawr ydi'r enw, er bod Tyddyn Bach, lle cefais i fy ngeni yn Eifionydd yn llawn helaethach lle — os yn llai enwog — canys dyma Tŷ Mawr Wybrnant, cartref William

Morgan, ac os bu lle dinab-man yn rhywle, dyma fo. Dim ond lled i fws cymharol fychan ar y lôn gul droellog trwy'r fforestydd gwyrdd ac i fyny'r gelltydd tu hwnt i Benmachno.

Y tŷ cerrig yn hŷn na Phlas Mawr Conwy a phob carreg yn ei lle, er na chawsai ei alw'n Tŷ Mawr heddiw. A'i ffenestri bychan yn ei gadw bron yn ddu bits tu mewn hyd yn oed ar amser te ar ddiwrnod hiraf ond un y flwyddyn. Fawr mwy na gwely a chwpwrdd o hen ddodrefn wedi eu cadw yno, ond llu o Feiblau diddorol a anfonwyd gan ymwelwyr gwledydd byd — gan gynnwys un prin yn iaith hen frodorion Aboriginis Awstralia. A chopi, wrth gwrs, o'r Beibl Mawr a gyfieithodd William Morgan ac a gyfoethogodd ein bywydau.

A William wedi treulio blwyddyn yn Llundain yn arolygu'r argraffu gan letya gyda Gabriel Goodman, Deon Westminster. Hwnnw'n ewythr i Godfrey Goodman, Esgob Caerloyw oedd ag eiddo yn Llanberis — y fan lle cychwynnodd y bws ar y daith i'r Tŷ Mawr y Sadwrn hwnnw.

Cofiwch mai dim ond yn Llundain, Rhydychen a Chaergrawnt y caniateid cyhoeddi llyfrau ar y pryd. Ac ar gyfer yr eglwysi'n bennaf y cyhoeddwyd y mil o gopïau ac er i Siôn Phylip Ardudwy lawenhau darllen yn hel hyd elawr i bobl fy mwth y Beibl mawr, nid ar gyfer y werin roedd hwn. Ddaeth y Beibl Bach ddim am ddeugain mlynedd arall. Ei bris yn goron a oedd, bryd hynny, yn lot. Rhyw ddeugain copi o'r hen Feibl Mawr gwreiddiol sydd ar gael a chadw, y crynswth yn anghyflawn, cyfrol sydd fwy na neb na dim wedi ei gwneud yn bosibl i bobl fel fi ddal i'ch cyfarch chi yn ein heniaith ein hunain o'r fan hyn. A diolch am gyfle i ddiolch am rywbeth yntê.

DATHLU A CHWYLDRO
18 Gorffennaf, 1998

Yn wleidyddol bu'n wythnos pan gwblhaodd Mesur Cynulliad Cymru ei daith trwy Dŷ'r Arglwyddi a phan gyflwynodd y Canghellor ei raglen ariannol tros y tair blynedd nesaf sef, cyfrannu mwy at addysg ac iechyd heb anghofio'r pensiynwyr — arian a ddaw o un o'n pocedi ni'n hunain i ddychwelyd, gyda lwc, i boced arall, ond nid heddiw nac yfory ond drennydd a thradwy.

Yn fwy cyffredinol, wythnos fawr o ddathlu fu hi — yn Ffrainc ac ar lefel dduach yng Ngogledd Iwerddon. Ac mi ymwelwn ni â Ffrainc yn gyntaf. Yno, nid yn unig cwblhawyd yr ymgyrch am Gwpan Pêl-droed y Byd ond hefyd gyda Ffrainc yn ennill am y tro cyntaf ar nos Sul gofiadwy.

Bu'r dathlu ym Mharis a thrwy Ffrainc gyda'r mwyaf yn hanes y wlad, dim arwydd ei fod ar drai gydol ddydd Llun — a manteisio ar gyfle rhagluniaethol i ymestyn i ddydd Mawrth sy'n ŵyl flynyddol fawr cofio cipio'r Bastille ar Orffennaf y pedwerydd ar ddeg yn 1789 — ac yn rhagluniaethol dydd Mawrth oedd y dydd mawr hwnnw hefyd.

A chyn dod at yr ymgyrchoedd yng Ngogledd Iwerddon i gofio'r hyn a ddigwyddodd rhyw gan mlynedd cyn cwymp y Bastille gadewch i ni ddwyn i gof y dyddiau hynny pan oedd dinasyddion Paris ar eu cythlwng heb lais yn eu llywodraeth. Gwerin Ffrainc yn llwgu a'r brenin a'i uchelwyr yn eu palasau moethus ac ar fwy nag ar ben eu digon. A heb ddim i'w golli ond eu bywydau, wele'r werin yn codi mewn gwrthryfel am fara ac am ryddid. Ymffurfiwyd yn fyddin garpiog ond penderfynol. Cant a hanner o filoedd ar dramp yng nghanol Paris a'u bryd, trwy rym, i ennill cyfiawnder a thanseilio'r oruchwyliaeth yn un o brotestiadau mwya'r byd.

Ond yn gyntaf roedd yn rhaid cael arfau i wrthsefyll yr ymateb sicr a ddeuai gan filwyr y brenin. Ac yr oedd yna ynnau *muskets* wrth y miloedd yn selerydd ysbyty fawr yr *Invalides* yng nghanol Paris. Dyna'r targed cyntaf ac wedi helynt fawr llwyddodd y dyrfa i gyrraedd. Ond wedi eu cael roedden nhw'n ddiwerth am nad oedd yno'r powdwr gwn ar gyfer eu tanio. Ond yr oedd yna gyflawnder o bowdwr y tu mewn i gaer fawr a charchar y Bastille, un o adeiladau cadarnaf Paris, emblem fawr y frenhiniaeth a'r awdurdodau, gyda'i wyth tŵr a'i furiau naw troedfedd o drwch, ei ffos a'i phontydd dyrchafedig wrth y pyrth.

Ac o dan arweiniad oriadurwr o Baris wele'r gwarchae ar y Bastille yn dechrau — un o warchaeon pwysicaf hanes yn ôl y lliwgar Thomas Carlyle, a gyda help milwyr a wrthgiliodd o'r fyddin ac a fedrodd ddod â rhai gynnau mawr hefo nhw, ac oherwydd llwyr anallu llywodraethwr gwan y gaer i ddod i unrhyw benderfyniad, fe lwyddwyd i dorri trwy'r pyrth, meddiannu'r adeilad caerog, rhyddhau'r carcharorion — dim ond saith oedd yno — a chyrraedd y gynnau mawr a'r powdwr gwn y bygythiodd y llywodraethwr ei danio gan ei chwythu ei hun a'r gaer yn yfflon — ond heb y dewrder i wneud hynny.

Yn hwyr y noson honno, ar gyfer nos Fawrth diwethaf, cyrhaeddodd y Dug Liancourt blasdy Versailles i dorri'r newydd i'r brenin Louis yr unfed ar bymtheg, a fu'n treulio'r dydd yn hela. 'Ond, mae hyn yn wrthryfel,' meddai'r brenin. A medd y Dug, 'Syr, na, nid gwrthryfel ydi hwn, ond chwyldro.'

Oedd, roedd chwyldro mawr Ffrainc wedi dechrau ar Fawrth y pedwerydd ar ddeg o Orffennaf 1789 pan syrthiodd y Bastille — syrthio yn llythrennol gan i wyth gant o ddinasyddion Paris dynnu pob carreg ohono i lawr heb adael dim ar ôl. Dim ond ei feini i godi pont newydd tros afon Seine, a'r dathliad mawr blynyddol.

Sy'n dod â ni'n ôl at y deuddegfed o Orffennaf, gan mlynedd ynghynt pan orchfygodd Wiliam o Oren yn yr Iseldiroedd, brenin newydd Lloegr gyda'i fyddin Brotestanaidd ar lan afon Boyne fyddin Babyddol Iwerddon, gyda'r Urdd Oren yn dal i rwbio halen i'r briw trwy orymdeithio'n herfeiddiol flynyddol trwy strydoedd Catholig Iwerddon i atgoffa'r brodorion.

Eleni bu'r orymdaith fwyaf yn Drumcree lle heriodd yr Urdd Oren orchymyn i'w gwahardd rhag gorymdeithio trwy'r rhan Gatholig, ac y bu'n rhaid cael yr heddlu a'r fyddin i'w stopio nhw ar gost o filiynau.

Ac roedd y Protestaniaid yn dylifo i Drumcree wrth yr ugeiniau o filoedd cyn i drychineb fawr ddigwydd — rhoi cartref mam o Babyddes ar dân gan losgi i farwolaeth dri o'i hogiau bach. Meddyliwch — beth pe buasen nhw'n blant i chi? Ceisiwyd dadlau nad oedd a wnelo hyn â'r orymdaith Oren yn Drumcree gan rai fel y duwiolgi Ian Paisley gyda'i ruban oren yn lled orchuddio'i goler ci a llwyr orchuddio'i gydwybod.

Efallai — sy'n beth ofnadwy i'w ddweud — i'r tri hogyn bach, gyda'u bywydau, arbed yr heddwch newydd oedd ar ddiflannu yn Ulster gan ddechrau diwedd yr Urdd Oren.

JARFFIO
1 Awst, 1998

Cwestiwn heb fod yn un o dragwyddol bwys, ond sy'n ddiddorol serch hynny — sef, a yw'r athrylith o ysgolhaig Dafydd Glyn Jones ar fin cael ymwared â'r Jones. Achos yn y rhifyn cyfoes o'r *Traethodydd* fe nodir dan y cynnwys ble mae erthygl gan Dafydd Glyn Jones, ond o dan yr erthygl ei hun ar Goleg Ffederal Cymraeg ym Mhrifysgol Cymru, fe'i harwyddir gan Dafydd Glyn.

Pwysicach, y dyn ei hun a'r Coleg Cymraeg yma a'i Ymdrafodaeth ar Seneddau a Sofraniaeth yn y gyfres o lyfrynnau'r Cynulliad. Wedi cael madael â'r Geiriadur Mawr ryden ni'n medru manteisio ar ei ysgolheictod a'i freuddwydion, heb sôn am ei hiwmor. Bu'n trafod ffordd tua Senedd i Gymru cyn bod sôn am Gynulliad ac yn y llyfryn mae nid yn unig yn dadlau pa mor annibynnol wleidyddol y dylasai Cymru fod ond mae'n amlinellu gam wrth gam sut mae troi y Cynulliad yn Senedd — yr hyn sy'n hanfodol.

Ac yn y *Traethodydd* mae Dafydd Glyn . . . Jones eisoes wedi cyflwyno'r ddadl tros sefydlu Coleg

Cymraeg ac yn awr mae'n amlinellu'n fanwl sut y medrid sefydlu'r Coleg hwnnw — sydd hefyd yn hanfodol os oes yna ddyfodol i'r Gymru Gymraeg.

A gyda'r holl sôn sydd yna'r dyddiau yma am ein hiaith a'n diwylliant mi ddigwyddais daro y noson o'r blaen ar ddadl ddiddorol ar Radio Pedwar rhwng ysgolheigion Lloegr ar y testun — a oes galw am awdurdod i ofalu am yr iaith Saesneg? Nid gofalu am ei heinioes, sy'n ddiogel ddigon ond am ei safon — fel y gwna'r Academi hefo'r Ffrangeg yn Ffrainc. Ni soniwyd yr un gair am Academi Cymru nac am Fwrdd Iaith Cymru sy'n gofalu am einioes yr iaith ond nid am ei safon. Tybed a ddylid ad-drefnu'r Bwrdd Iaith yma i gynnwys ysgolheigion i ofalu am safon a geirfa gyfoes yr iaith, a thybed a ofalai ei heinioes amdani ei hun wedyn.

I aros hefo'r iaith. Yn fan hyn mi ddigwyddais ddefnyddio'r gair jarffio a sôn i mi fethu â chanfod ei wreiddyn. Golyga dorsythu neu swagro — ac fe'i ceir yng Ngeiriadur yr Academi yn air am *swagger*. Cheir mo'r gair yng Ngeiriadur Prifysgol Cymru na gan Parry-Williams yn ei gyfrol fanwl ar yr elfen Saesneg yn y Gymraeg.

Ond wele dri chynnig yn fy nghyrraedd a'r tri'n gytûn wrth awgrymu y gallasai jarff — a hen jarff a ddywedir bob amser, a jarffio, ynghyd â jarffes hefyd, ddod o jiraff. Ac, yn wir, mae hwnnw'r mwyaf torsyth o'r holl greaduriaid ac, yn llythrennol, y mwyaf ffroenuchel.

Fe'm llawenhawyd gan y cynnig, ond rwy'n wyliadwrus wrth natur ac wedi treulio gormod o amser wrth droed Syr Ifor Williams i dderbyn cynnig ar wreiddyn unrhyw air cyn ymholi'n fanwl iawn, er mor slic, fel yn yr achos yma, y gallasai'r cynnig fod. Felly dyma ymgynghori â chyfaill sydd gyda'r blaenaf o'n hieithegwyr — a gafodd jiraff yn gynnig hynod ddiddorol ond yn anodd ei dderbyn fel dim mwy na damcaniaeth glyfar. Wedi iddo wneud cryn ymchwil fe wrthododd y jiraff gan awgrymu posibilrwydd mwy academaidd ddibynadwy sef gair hynod debyg i jarff, sy'n air Saesneg tafodieithol yng Ngeiriadur Mawr Rhydychen, gyda'r ystyr *great,* mawr. A gallasai jarffio olygu arddangos mawredd ffug — a'r gair mawreddog yn ateb i'r dim.

Biti hefyd. Achos, i mi, mae jiraff wedi ei sillebu j-i-r-a-ff yn air Cymraeg gogleisiol tros ben.

Ac ar drothwy'r Brifwyl, yn ôl at y *Traethodydd* am ddyfyniad gogleisiol o adolygiad R. Elwyn Hughes ar gyfrol afaelgar y meddyg Emyr Wyn Jones, *Bysedd Cochion a'r Wladfa Gyntaf*. Meddai, 'Mewn oes a nodweddir yn y Gymraeg gan gymaint o farddoniaeth annealladwy, gan gynifer o nofelau annarllenadwy . . . amheuthun o beth yw cael croesawu llyfr sydd nid yn unig yn gyfraniad i ysgolheictod ond sydd hefyd yn bleser i'w ddarllen.'

DUW A DUWIAU
24 Hydref, 1998

Mae'n hen sefydliadau'n gwegian ac yn diflannu fel y nesawn at y milflwyddiant a byd newydd. Roedd y dydd Llun diwetha'r trydydd ym mis Hydref yn hen ddydd gŵyl ddiolchgarwch draddodiadol capeli rhan helaeth o

Wynedd — dydd gyda phob ysgol a siop a hyd yn oed hen Gyngor Sir Gaernarfon yn cau. Popeth fel petasai'n ddydd Sul. Dydd o ddiolch am y cynhaeaf sydd ddim mor hawdd i olrhain y rheswm tros ei sefydlu ar y dydd arbennig yma a'i gyfyngu i un rhan o Gymru.

Eleni prin mae cynhaeaf cefn gwlad Cymru yn galw am lawer o ddiolchgarwch a dyw'r hen arfer o gynnal yr ŵyl ar yr hen ddiwrnod ddim ar ei gorau. Mae'r capeli wedi'i chael yn haws dewis Sul hwylus i hynny o gynulleidfa sydd ganddyn nhw i ddathlu. Ond dyw'r traddodiad ddim wedi diflannu. Fe erys mewn trefi fel Bangor ac yn bur helaeth ar Ynys Môn a Llŷn ac Eifionydd o hyd. Ac yn y capel y bûm i ynddo'n blentyn ym Mhencaenewydd cafwyd tair oedfa wreiddiol a llewyrchus y Llun diwethaf.

Ac mi symuda i oddi wrth ein crefydd, os symud hefyd, at ein duwiau. Gynt roedd gennym ni lu o dduwiau cenedlaethol ac, yn wir, o fyd crefydd roedd llawer ohonyn nhw'n dod — yr hen bregethwyr mawr. Yr oedden nhw yng Nghymru yr hyn oedd sêr y ffilmiau Americanaidd. Ond sawl pregethwr mawr sy'n hysbys o Gaergybi i Gaerdydd sydd yna heddiw — rhywun fel Philip Jones. Nid nad oes yna bregethwyr a gwell gweinidogion o bosib, ond mae yna lai ohonyn nhw — a'u hapêl yn fwy lleol.

Mae hyn yn wir am wahanol feysydd — llai o enwau mawr os oes yna fwy o ddoniau gan lawer mwy. Llai o dduwiau a mwy o angylion, ac os ydi'r pulpud heb Philip Jones does yna ddim Lloyd George nac Aneurin Bevan yn y Senedd ychwaith er bod cystal neu well Aelodau Seneddol. Ac mae yna fwy, onid gwell, newyddiadurwyr ond dim Anthropos, Morgan

Humphreys, Meuryn, John Eilian na Gwilym R yn crwydro heolydd Caernarfon. Mae Cymru Gwlad y Gân yn dal i fwynhau olyniaeth deilwng i David Lloyd a Geraint Evans gyda Bryn Terfel yn dduw y duwiau — a'u duwiau pop darfodedig eu hunain gan y radio a'r teledu. Ond dim Tommy Farr yn y cylch bocsio na Barry John na Gareth Edwards ar y maes rygbi. Digon o dalent snwcer ifanc ond pwy sy'n dilyn Reardon a Terry Griffiths, pencampwyr byd. Ieuenctid addawol yn nhîm criced Morgannwg ond dim Parkhouse, Wooller, Tony Lewis ond Maynard ar ei orau a Robert Croft efallai. Mwy o ddoniau, llai o dduwiau.

A dyma ni wedi dod at gewri pêl-droed Cymru. Cofio'r dydd pan oedd enwau o leiaf dri chwarter tîm pêl-droed Cymru ar wefusau'r werin. Ond faint a fedrai ddal i enwi tri chwarter tîm Cymru a gafodd y ddwy fuddugoliaeth fawr ddiweddar — heb sôn am enwi eu clybiau. A phwy bellach, ar wahân i Ryan Giggs, sydd o faintioli byd-eang, er bod mwy o ddewis i'r tîm Cymreig?

Sy'n gwneud i mi gofio dyddiau pan, dan yr enw Y Gwyliwr, y bûm i'n ysgrifennu'r golofn bêl-droed Gymraeg gyson gyntaf, cyn ac ar ôl y rhyfel i'r *Cymro* ac yn meddwl am y mawrion a welais yn y crysau coch.

Welais i mo'r tri Chymro chwedlonol o'r hen ddyddiau. Dim Mills Roberts ddaeth yn ddoctor chwarel i Lanberis wedi cadw gôl i Preston North End pan enillodd Gwpan Lloegr heb ildio gôl a'r bencampwriaeth heb ildio gêm. Na Billy Meredith fu'n lowr pan oedd yn chwarae i Manchester City — ac i Gymru am bunt y gêm a sefydlu Undeb y pêl-droedwyr yn 1907. A'r cawr a aned yng Nghaerdydd — Fred Keenor, Cardiff City.

Ond o'r rhai a welais i'n chwarae i Gymru pe ceid un ar ddeg ohonyn nhw i'r un tîm fe fuasen yn curo unrhyw dîm yn y byd. Dyma fy newis, yn nhrefn eu hen safleoedd ers talwm: Jack Kelsey, Arsenal — gôl; Alf Sherwood, Cardiff City a Wally Barnes, Arsenal — cefnwyr; Tommy Jones, Everton — canolwr; Roy Paul, Manchester City a Ron Burgess, Tottenham — hanerwyr; Bryn Jones, Arsenal; John Charles; Trevor Ford; Ivor Allchurch a Ryan Giggs — blaenwyr. Dyna i chi dduwiau. A'r mwyaf a'r mwyaf amryddawn o'r cyfan oll — John Charles, y Brenin ei hun.

DRAMA DAIR ACT
31 Hydref, 1998

Ac wele un o'r wythnosau Cymreig mwyaf stormus ymhob ystyr, gyda syfrdandod a ddiflannodd mor sydyn ag yr ymddangosodd — tri diwrnod i'w cofio, neu i'w hanghofio.

Act gynta'r ddrama oedd ymddiswyddiad Ron Davies, Moses y Cynulliad, o fod yn Ysgrifennydd Cymru am reswm rhyfeddach — 'bisâr' oedd y gair mawr — nag oedd o bechadurus. Roedd yr hyn a glywyd am hanes ei gyfarfyddiad â dieithryn ar Gomin Clapham hanner awr wedi naw dywyll o'r nos, yr ymosodiad â chyllell a'r lladrad a'r colli car a ddilynodd yn hysbys i bawb, ond yn rhy llawn o fylchau i argyhoeddi bod hyn yn unig yn rheswm digonol tros yr ymddiswyddiad gyda'i haeriad fod y fath ddiffyg barn yn ei anghymwyso i'r swydd yn y Cabinet.

Yr hyn a ddigwyddodd wedyn, yn ganlyniad hyn oll a achosodd lanast go iawn. Achos nid Ysgrifennydd Cymru'n unig oedd Ron Davies ond arweinydd y Blaid Lafur Gymreig hefyd. A gan y cymerid yn ganiataol mai Llafur a enillai'r etholiad am y Cynulliad, Ron Davies fuasai'n dod yn Brif Weinidog cyntaf Cymru mewn Cynulliad hanesyddol y gwnaeth fwy na neb i ofalu y gwelid ei sefydlu.

Ond roedd yna gwestiynau anorfod yn codi. A oedd y stori am y lladrad ac ati yn ddigon cyflawn i argyhoeddi? Sut, yn rhesymegol, oedd bod yn anghymwys ar gyfer y Cabinet — a'i ddewis ei hun oedd ymddiswyddo — yn ei wneud yn gymwys i arwain y Cynulliad?

Dadleuwyd, yn gywir, na fedrid ei ddiswyddo o arweinyddiaeth Llafur Cymru gan neb ond gan y Blaid Gymreig ei hun am iddo gael ei ethol ganddi, ond cyn yr helbul y bu hynny.

Trueni iddo orfod rhoi'r ffidil yn y to gan golli'r cyfle i arwain Cynulliad y gwnaeth cyn gymaint drosto. Bydd ei golli yn codi problemau enfawr ond ym myd didostur gwleidyddiaeth gallasai iddo beidio â thynnu'n ôl fod wedi creu problemau mwy.

Dau arweinydd cenedlaethol tu allan i Gymru wedi profi'n fwy ffodus er eu bod yn llai gwaraidd. Amodau cydwladol yn rhwystro cyhuddo Pinochet Chile am ei bod yn rhy hwyr a Milesovic Serbia am ei bod yn rhy fuan. Esiampl o weld y ddeddf yn anrhydeddus a'r troseddwyr mawr yn rhydd.

Ac esgorodd yr ymdrech i ddod ag Israel a'r

Palestiniaid ynghyd, a dyfynnu pennawd y *Financial Times* a'u 'cytundeb o ryw fath'. Priodol cofio, a llaw Lloyd George yn hyn, mai'r cynllun gwreiddiol pan wahoddwyd yr Iddewon adref oedd sefydlu un weriniaeth i'r Iddewon ar wasgar ac un i'r Arabiaid brodorol na ddaeth. Ac o gofio'r erledigaeth fu arnyn nhw gallesid disgwyl gwell gan yr Iddewon.

Ac i dynnu sylw oddi wrth Ron Davies wele adroddiad y rhyw fath o Gymro, yr Arglwydd Jenkins, ar ddiwygio'r gyfundrefn bleidleisio a sefydlu cyfundrefn gyfrannol a roddai well chwarae teg i'r pleidiau bach a'r gwahanol safbwyntiau. Awgryma fath sy'n ymdebygu i un Iwerddon lle medrwch chi ddewis eich ail, trydydd ac ati wrth bleidleisio.

Yn arwynebol mae'n drefn llawer tecach na'r un sy'n bod. Ystyriwch. Torïaid Cymru gydag ugain y cant o'r bleidlais a dim un Aelod Seneddol. Ond o'r tair plaid fawr dim ond y Rhyddfrydwyr a fanteisiai am eu bod yn blaid y canol a'r ail ddewis.

Ac mae'n drefn sy'n creu llywodraethau o glymbleidiau byrhoedlog gyda gormod o lais gan ry ychydig o bobl.

Ac mi drof innau at un arall o broblemau Cymru — argyfwng cefn gwlad lle mae'r ffermwyr ar eu cythlwng a'r gymdeithas wledig yn dioddef. Ond o flaen y sgwrs yma'r Sadwrn o'r blaen daeth y dawnus Gerallt Pennant â fy mhlentyndod gwledig tlodaidd i yn Eifionydd i'r cof pan sgwrsiodd gyda Richard Owen a'i fab o ffarm Coed Cae Gwyn sydd a'i therfyn ar iard fy hen ysgol yn Llangybi.

Bryd hynny fferm dlodaidd hefo rhyw ddwsin o wartheg godro oedd hi a'i hunig arbenigrwydd — cadw baedd. Evan David Evans y ffarmwr yn hen lanc a chymeriad tawel, didractor ond hefo hen, hen gar. Bu mewn damwain ar groesffordd Tŷ Newydd a gyrrwr y car arall yn ei fflamio efo 'Ble rydach chi'n meddwl bod chi'n mynd, ddyn?' Evan David yn isel ateb, 'I nunlla rŵan.'

Bellach mae tros chwe ugain o wartheg llaeth ar y ffarm sy'n cadw'i phen uwchlaw'r lli a'r ffarmwr yn Gadeirydd ffatri Rhydygwystl gyda'i dosbarthu llaeth a'i chaws sy'n ffynnu er bod y cynhyrchwyr l!aeth i lawr o bedwar i ddau gant. A'r lori laeth daeth â'r llewyrch newydd a fygythir. Cofio englyn John Rowlands, fu'n was i 'Nhad cyn troi'n yrrwr y lori:

> Hyd erwau Aberdaron — a Chwilog
> Ar echelydd trymion
> Ar godiad daw ergydion
> Lori laeth i lawr y lôn.

PROBLEMAU
7 Tachwedd, 1998

Yn ôl yr hen air dim ond naw diwrnod o barhad sydd yna i bob rhyfeddod ac roedd hi'n naw diwrnod ar stori Ron Davies ddydd Iau. Ysywaeth, gydag achosion llys i ddilyn ddaw'r stori yma ddim i ben yrhawg.

Bellach cafodd pawb ei big i mewn gan gynnwys yr annerbyniol A.A. Gill sy'n anghymwys i drin unrhyw stori Gymreig — a heb anghofio sgŵp HTV am blentyndod didostur y prif gymeriad. Ond dydi Ron Davies mo'r pechadur a niwlog bortreadwyd yn y *News of the World* a'i debyg na'r sant a ganoneiddiwyd gan y symudliw Arglwydd Elis Thomas sydd â'i broblemau ei hun ganddo yn etholaeth Meirionnydd. A dydi seintia ddim yn mynd i'r Senedd.

Ac am gatalog o ddiffygion Ron Davies a adawodd Lafur Cymru yn y cyflwr y mae, gweler Gwilym Owen yn y rhifyn cyfoes sylweddol o *Golwg*

Cafwyd y stori gywiraf a llawnaf, yn ôl yr heddlu, o'r smonach ar Gomin Clapham yn y *Guardian* fore Mawrth a mwy fore Gwener. Stori am flacmel a orfododd yr Ysgrifennydd i ddatguddio rhan o'i stori cyn gorfod ymddiswyddo. Ac fe'i herlidiwyd yn y papurau bach, nid i'w ddymchwel, ond yn yr ymchwil am y stori gyflawn.

Cyfran dristaf yr anhrefn a ddaeth i Gymru yn sgîl yr ymddiswyddiad oedd yr ensyniad nad oes yna neb ar ei ôl sy'n deilwng o'i ddilyn yn arweinydd y Cymry a'r Cynulliad Cenedlaethol. Os ydi hi mor dlodaidd â hynny yma dydyn ni ddim yn haeddu Cynulliad.

Ond y mae'r sefyllfa wedi codi problemau mawr iawn i'r Blaid Lafur yng Nghymru oherwydd y tebygrwydd mai arweinydd Cymreig y Blaid Lafur fyddai Prif Weinidog cyntaf y Cynulliad — Prif Ysgrifennydd, gyda llaw, nid Ysgrifennydd Cyntaf ydi'r trosiad o *First Secretary* yn nheitl y Ddeddf. Yn awr wele'r naill swydd a'r llall yn wag.

A'r cwestiwn cyntaf a gododd oedd beth fyddai sefyllfa Alun Michael, Ysgrifennydd newydd Cymru. Yn ystod yr holl ymgyrch tros ddatganoli chododd o mo'i fys i helpu, er ei fod yn gymeradwy fel person ac Ysgrifennydd ac yn siarad Cymraeg. Ac yma, gyda llaw eto, siawns bod yna ddigon yn y Swyddfa Gymreig i argyhoeddi nad y Swyddfa Gymraeg ydi hi, fel y cyfeiriodd yr Ysgrifennydd ati ar Radio Cymru ddwywaith.

Ruthrodd o ddim i gyhoeddi ei fod ar ôl sedd yn y Cynulliad. A phe bai wedi gwneud hynny fe'i gwelid yn gadarnhad o'r amheuaeth mai rhan o'r cynllwyn i gadw pobl annerbyniol gan Lundain, fel Rhodri Morgan, o arweinyddiaeth y Cynulliad oedd wrth y gwraidd. Doeth felly oedd ymbwyllo — a wnaed tan bnawn Iau pan gyhoeddodd ei fod am sefyll am sedd ac am yr arweinyddiaeth.

Fe geisiwyd lleihau problemau Llafur Cymru ac osgoi etholiad arall trwy awgrymu taro bargen trwy ffurfio tîm o arweinwyr. Dyw rhyw fath o fargen ddim yn hollol amhosib, os annhebygol, ond dylid cofio y bu'n rhaid i Ron Davies, a wnaeth cyn gymaint tros y Cynulliad, ymladd etholiad am gyfle i arwain — a holi pam y dylesid trafod Alun Michael, na fu'n help o fath yn y byd, yn wahanol.

Nid Rhodri Morgan, sy'n cadarn ddal ei dir fel ymgeisydd, yw'r unig ddewis arall gan fod gan aelodau eraill y blaid hawl i sefyll etholiad. Ond ni ddylid gwrthwynebu cynnal etholiad yn unig rhag ofn y buasai'n dewis Rhodri Morgan, a wnaeth ddiwrnod da o waith tros yr achos. Gallasai canlyniad yr etholiad droi'n un anghysurus — ond peth fel'na ydi gwleidyddiaeth.

Ac mi etifeddodd y Blaid Lafur Gymreig broblemau ychwanegol at un dewis arweinydd. Dyw'r ymgeiswyr am seddau'r Cynulliad ddim wedi eu dewis eto. A chyn cwblhau hynny bydd yn rhaid symud maen tramgwydd arall, sef sut i gael yr etholaethau — gan gynnwys rhai cryfion fel Llanelli — i gytuno â'r drefn i ofalu am y nifer o ferched fydd yn ymgeiswyr. Ac ar ben hyn fe barheir i ddisgwyl am faniffesto Llafur ar gyfer y Senedd newydd. Dyddiau dyrys i ddod gyda brwydr filain am arweinyddiaeth y Toriaid hefyd. Ac ystyriwch yr enwau yma, Bill Clinton, Ron Davies, Rod Richards a dyna i chi driawd y buarth.

Un broblem wedi ei setlo. Prynu'r Wyddfa gan Sefydliad Prydeinig heb iddo orfod mynd i'w boced ei hun. Felly, hen fynydd gynnon ni — neu nhw — a hwnnw'n glaer wyn. A miliwnydd newydd — yntau'n wyn ei fyd.

A cholled — yr Athro Jarman. Fred i hen ffrindiau coleg. Roedden ni'n gyd-fyfyrwyr ym Mangor ers talwm. Ei dad yn cadw siop fach ar gwr y coleg sydd wedi ei dymchwel 'slawer dydd. Dim llawer chwaith o'r hen fyfyrwyr hynny ar ôl bellach. Person diymhongar oedd Fred ac ysgolhaig hyd flaenau ei fysedd a'i ymadawiad yn golled fawr i fywyd diwylliannol ein cenedl.

CÂN HEB DDIWEDD BYTH
12 Rhagfyr, 1998

Aed y byd a'i stormydd i grogi, achos pe cyhoeddid cyfrol o emynau Ann Griffiths, fuaswn i, un o'i heilunaddolwyr, ddim yn barod i sôn am un dim arall. Ac fe ddaeth y gyfrol werthfawrocaf erioed o wasg enwog Gregynog, achos dim ond tri chant a hanner o gopïau a argraffwyd gyda dau gant a hanner am ganpunt namyn pum punt a'r cant arall, mwy goludog fyth, am gant a phedwar ugain punt. *Rhyfeddaf Fyth* ydi'r teitl — a'r cynnwys — emynau a llythyrau Ann Griffiths ynghyd â'r byr-gofiant iddi gan John Hughes, Pontrobert a rhai llythyrau gan gyfeillion. Golygwyd gan E. Wyn James, rhagymadrodd gan A.M. Alchin a darluniau Rhian M. Davies.

Cyfieithiad R. Gerallt Jones o waith Donald Alchin, Sais a aeth ati i ddysgu digon o Gymraeg i werthfawrogi gwaith yr emynyddes ydi'r rhagymadrodd. Ynddo mae'r diwinydd yn gosod Ann Griffiths gyda goreuon eymyddwyr cydwladol mewn dadansoddiad gwerthfawr tros ben. Ond, heb ddibrisio un dim arno, fedra i yn fy myw beidio ag ymdeimlo mai tasg i Gymro a allasai efallai dreiddio'n ddyfnach i'r adnabyddiaeth oedd hon. Ond mi ddychwelaf at hyn. Y mae gan Ann Griffiths ei hapêl arbennig ataf i am y medraf werthfawrogi mynegiant os ydi diwinyddiaeth y tu hwnt i mi ac am y medraf lawenhau yn y ffaith fod beirniaid sy'n gweld pethau yng ngweithiau beirdd na freuddwydiodd y beirdd eu hunain amdanyn nhw yn ddiymadferth wrth drafod yr emynyddes yma, achos un dylanwad mawr sydd arni hi — y Beibl. Ac mae gan olygydd y gyfrol hon, E. Wyn James, chwech o ddalennau mawr gorchestol llyfr Gregynog i nodi'r cannoedd o gyfeiriadau ysgrythurol sy'n llechu yn ei deg emyn ar hugain sy'n cynnwys y pennill yr amheuwyd ei awduraeth — 'Dyma frawd a aned inni / Erbyn cledi a phob clwy'.

Mi fedrwch drafod cyfriniaeth Morgan Llwyd gan ymhelaethu ar ei ddylanwadau, ond os ydi Ann Griffiths yn gyfrinydd neu yn rhywbeth — am ei bod yn gwybod ei Beibl mae hyn oll. Mae'n anhygoel hyddysg ynddo fo.

Meddyliwch mewn difrif am droi i lyfr Sechariah —

fedrwch chi ddod o hyd iddo fo? — am linell gyntaf ei hemyn mwyaf poblogaidd — 'Wele'n sefyll rhwng y myrtwydd' gan droi i Ganiad Solomon i ddechrau'r ail bennill, 'Rhosyn Saron yw ei enw', ac at Hosea am y pennill olaf — 'Beth sydd imi mwy a wnelwyf ag eilunod'. A beth am ei pharadocsau mawr — 'Byw i weld yr anweledig fu farw ac sy'n awr yn fyw . . . Rhoi awdur bywyd i farwolaeth a chladdu'r atgyfodiad mawr . . . Y greadigaeth ynddo'n symud, yntau'n farw yn y bedd.' Ac nid am ei chyfriniaeth y bydda i'n meddwl wrth gofio'i hemyn i'r ffordd ond am ei meistrolaeth ar eiriau a fedr fod mor gartrefol hefyd. Heibio Dolwar Fach fe ymdroella'r ffordd gul oedd mor gyfarwydd i'r emynyddes, ond er mor droellog oedd hi dyma'r ffordd gyntaf, hwylusaf i Ddolanog . . . 'Ffordd yn union er mor ddyrys i ddinas gyfanheddol yw'. Ac yr ydach chi'n debycach o weld barcud uwchben y lôn nag o beidio a dyna i chi 'Ffordd na chenfydd llygad barcud, er ei bod fel hanner dydd'. Ond, rhoswch chi, mi gewch adnod yn llyfr Job yn dweud yr un peth. Mwy na hynny, yn y pennill cyfan o wyth llinell mae cyfeiriad ysgrythurol ym mhob un, sy'n dod hefyd o Jeremeia, Eseia, Rhufeiniaid, Salmau, Hebreaid, Luc, Ioan a Ruth.

Pennill gwerth ei glywed: 'Ffordd na chenfydd llygad barcud / Er ei bod fel hanner dydd. / Ffordd ddisathr anweledig i bawb ond perchenogion ffydd / Ffordd i gyfiawnhau'r annuwiol / Ffordd i godi'r meirw'n fyw / Ffordd gyfreithlon i droseddwr / I hedd a ffafor gyda Duw'. Ei hemynau gwefreiddiol yn aros fel nodau dwfn yr organ reiol ac nid fel chwisl ddima'r emynau cyfoes.

Ac i ddychwelyd at ragymadrodd cyfrol Gregynog ac i brofi pa mor dda y medrai Cymro ei gyflwyno mi ddyfynnaf ddiweddglo ysgrif Syr Thomas Parry-Williams, 'Yr hanner pagan penstiff' ar Ann.

'A dyma'r pennill bach ar gefn ei llythyr cyn neu'n syth ar ôl ei phriodas — yr unig un o'i phenillion sydd yn ei hysgrifen hi ei hun. 'Er mai cwbwl groes i natur / Yw fy llwybyr yn y byd'. Trist ac anochel o gyfaddefiad. Ond y mae'r cyfan oll yma'n syml — sylwedd yr Efengyl — ac roedd hi wedi cael gafael arno — llwybr croes i natur. Beth arall ydyw petaem ni'n peidio â hel dail. A dyma'r ddynes ifanc hon o ganol pellteraus a mwynderau Sir Drefaldwyn yn mentro arno.

Druan ohoni — ac eto, gwyn ei byd.'

DAU FREUDDWYD
16 Ionawr, 1999

Yn nyddiau Cromwell a'r weriniaeth fe etholwyd Senedd yn Westminster i baratoi ar gyfer ailddyfodiad Crist. Roedd i ddigwydd yn 1666 i wireddu'r hyn a gredid a geid yn y Beibl. Un o'r credinwyr oedd Morgan Llwyd o Wynedd — gweler wynebddalen *Llyfr y Tri Aderyn*. Yr hyn ryden ni'n ei wneud eleni ydi paratoi ar gyfer yr ail filflwyddiant — heb gredu un dim na disgwyl un dim ond ymestyn oriau agor y tafarndai i ychwanegu at y dathlu a'r diflastod.

Ac eto, fe allasech yn hawdd dybio bod yna ryw ddiben moesol, beth bynnag am grefyddol, i'r ŵyl fawr a ddaw. Yn y maes llywodraethol o leiaf mae yna ymwybyddiaeth anarferol o bechodau — rhai pobl eraill, wrth gwrs. Boed chi'n Cook neu'n Clinton, yn gynghorydd ym Môn neu'n gomisiynydd yn Strasbourg, mae yna don o hunangyfiawnder yn bygwth eich boddi gan y rhai sy'n disgwyl i'r arweinwyr fod o leia'n onest yn ogystal â dibechod, sy'n amlwg yn gofyn gormod.

Yng nghanol y sancteiddrwydd mawr diweddar yma mae'n ymddangos eleni na chafodd un hen arferiad da ar ddechrau blwyddyn y nesaf peth i ddim sylw — yr hen draddodiad o wneud addunedau — pe i ddim ond i'w torri.

Fedra i yn bersonol ddim meddwl ar y funud am unrhyw adduned arbennig — am fod gen i ormod o feiau mae'n debyg. Ond y mae gen i ddau ddymuniad go iawn, dau freuddwyd, dwy ffordd o ddathlu milflwyddiant yn fendithiol i'r Gymru sydd ohoni. Un ydi ymwrthod â gwanychu egni'r iaith Gymraeg i oroesi trwy fewnforio geiriau Saesneg di-alw amdanyn nhw i'w llorio hi — er maint y galw sydd yna am fedrus fathu geiriau newydd y byd newydd.

A'r ail ddymuniad — gweld cyhoeddi papur dyddiol Cymraeg yn gefn i'r papurau bro a fedrai fod bron cyn gryfed dylanwad ag y bu'r Beibl gynt i sicrhau dyfodol yr heniaith i'n gwneud yn genedl gyflawn mewn oes newydd a gafodd y cyfle gwleidyddol newydd mawr.

Fe grynhowyd fy nymuniad cyntaf gan Ieuan Wyn yn y *Faner Newydd* pan restrwyd pentwr o eiriau Saesneg a ddadlwythwyd i'r Gymraeg ar draul geiriau Cymraeg cyffredin gyda'r un ystyr yn union. Wele yma restr. Fersiwn am ffurf, antholeg am blodeugerdd, canslo am ddiddymu, paralel am cyfochrog, system am cyfundrefn a geiriau fel strwythur sydd wedi mynd yn fwrn, dominyddu am arglwyddiaethu, fformat, positif, polareiddio, coloneiddio — detholiad o'r diangenraid.

Ychwanegwch y rhai sy'n dal i hefrian am y Swyddfa Gymraeg, y lle hwnnw nad yw'n bod er gwaetha'r isweinidog John Owen Jones a ddylasai, siawns, fedru darllen yr ysgrifen sydd ar borth ei weithle. Ychwanegwch adeiladu awyrennau, sydd ddim yn adeiladau ond sy'n cael eu cynhyrchu, a sicrhad (nad oes y fath air yn bod) yn lle sicrwydd.

A'm hail ddymuniad — y papur newydd. Colli Moses Jones yn dwyn i gof y gŵr y bu'n ddirprwy iddo yn Sir y Fflint — Haydn Williams. Sefydlu papur dyddiol yn chwarae plant o'i gymharu â champ Haydn yn sefydlu Teledu Cymru, heb adeilad nac offer na staff na'r profiad na'r trosglwyddyddion na'r arian. Ac ar y funud mae cwmni o Gymry yn rhoi chwe ugain mil o bunnau o'u harian, yn benthyca pedwar ugain mil ac yn disgwyl saith can mil o Ewrop i gynhyrchu wisgi Cymreig ym Mrycheiniog. A beth am yr arian a aeth i brynu creigiau'r Wyddfa?

Pam felly na fedrwn gael y papur dyddiol, pwysicach na hyn oll? Eisoes yn Swyddfa'r *Cymro* mae'r holl beirianwaith a'r profiad i droi'r papur yn ddyddiol, a mwy o newyddiadurwyr yn cael eu hyfforddi nag oes yna o waith ar eu cyfer. O leiaf beth am gyhoeddi ymchwil ofalus gyfrifol o'r posibiliadau i gael papur sy'n gwerthu ugain mil — sy'n rhesymol bosib yn fy marn fach i — traean gwerthiant y papurau bro.

A'r sioc fawr — colli Emyr Wyn Jones, llawfeddyg, llenor, hanesydd penigamp a chymwynaswr pob sefydliad diwylliannol Cymreig yn 91 mlwydd oed.

Ac at ychwaneg o'n colledion. R. Gerallt Jones y llanc o Lŷn yn ddim ond 64. Bardd pedair cyfrol, nofelydd pum cyfrol, cadeirydd tan gamp a dawel lywiodd sefydlu'r Archif Ffilmiau. A Syr William Mars Jones o Lansannan, bargyfreithiwr a erlynodd Myra Hindley ac Ian Brady, y *Moors murderers* yn 1965. Barnwr, cefnogwr mawr Coleg Bangor, cymeriad llawn hiwmor — 83. Mor anodd yntê ydi 'gweld trefn mewn galw tri'.

BWRDD IAITH
30 Ionawr, 1999

Wedi cael digonedd o rybudd ac amser i benodi cadeirydd newydd i'r Bwrdd Iaith — un parhaol — gallasai'r Swyddfa Gymreig fod wedi gwneud yn well na dewis un tros dro. A'r dewis oedd yr Is-gadeirydd, Rhodri Williams, i olynu'r symudliw Arglwydd Elis Thomas, nad oedd yn plesio pawb er y cydnabyddid ei ysgolheictod. Ac mewn cyfweliad radio gyda Gwilym Owen, cafwyd cip ar resymeg ac athroniaeth ddigyfnewid y Cadeirydd newydd wedi i Gwilym fynegi'r anniddigrwydd sydd yna ynglŷn â'r penodiad. Wnaeth y cyfweliad ddim i boblogeiddio'r Bwrdd na'r Cadeirydd newydd a fewnforiodd yn ei sgwrs air Saesneg di-alw amdano arall eto fyth i'r Gymraeg, sef 'ffocysu' am yr hyn yr yden ni, sydd ddim yn aelodau mud o'r Bwrdd Iaith, yn ei alw'n 'ganolbwyntio'.

Gadewch i ni, am funud, fynd at wreiddiau pethau yn gyntaf — pam mae angen Bwrdd Iaith? A'r ateb — am fod y Gymraeg o dan fygythiad ac angen amddiffynnydd arni. A beth ydi'r bygythiad? Y Saesneg. Felly, sut ar wyneb daear y medrir cyfiawnhau mewnforio'n ddianghenraid i'r Gymraeg yr union elfen sydd yn ei llygru a'i lladd. A 'dyw'r syniad ein bod yn genedl ddwyieithog ddim yn dal dŵr chwaith. Cenedl ddwy iaith, ie, ond dim ond y Cymry Cymraeg sy'n ddwyieithog. Ac i ychwanegu at eirfa'r Cadeirydd newydd — at ei 'ffocysu' — wele greu bastardair arall i union ddisgrifio beth mae o'n ei wneud, sef 'pidjineiddio', sy'n gam tyngedfennol tua difodiant unrhyw iaith fel y cytuna pob arbenigwr ar dynged hen ieithoedd diflanedig daear.

Ydych chi'n synnu fod prif gynheiliad y Gymraeg, Cymdeithas yr Iaith, am ddiddymu un yn unig o'n sefydliadau Cymreig yn y Gymru newydd, ac mai'r Bwrdd Iaith, o bopeth, ydi hwnnw — yr un a ddylasai fod yn nesaf at ein calon.

Mae yna resymau cryfion pam mae angen Bwrdd Iaith arnon ni a thros gyfiawnhau'r pedair mil ar hugain o bunnau'r flwyddyn a delir i Gadeirydd deuddydd yr wythnos arno fo, fel y mae yna resymau cryfion hefyd tros ddileu'r hyn sydd gynnon ni. Fe dalog ddechreuwyd diwygio pan benodwyd pwyllgor bach o ddeallusion dan gadeiryddiaeth yr Arglwydd Prys Davies. Ac mewn adroddiad gwerthfawr fe argymhellodd hwnnw sefydlu Cyngor o wir arbenigwyr a fuasai, ymysg pethau eraill, yn ymgymryd â chreu a safoni geirfa newydd i'r iaith y mae ei mawr angen mewn byd newydd a meysydd newydd sy'n amrywio o'r gyfraith i gyfrifiaduron. Ac wedi i'r Swyddfa Gymreig gomisiynu'r fath ymchwil, a'i gael, beth wnaethon nhw ag o? Dim un dim.

A phan ddaw'r dydd i benodi Cadeirydd parhaol y Bwrdd, ac mae yna ddigon o amser, siawns na chofir nad ydi'r frwydr tros y Gymraeg wedi ei hennill ac y ceir Bwrdd Iaith diwygiedig, mwy effeithiol a mwy cymeradwy.

Ac i brofi na fu gen i erioed ragfarn yn erbyn Saeson, na'r Saesneg, yn ei lle, mi drof at rywbeth arall cynhesach. Hanner can mlynedd union yn ôl fe gwblhaodd Geoff Charles a minnau, diolch i gefnogaeth *Y Cymro*, y ffilm Gymraeg a'r sain arni hynaf sy'n gyflawn gadwedig yn yr iaith — *Yr Etifeddiaeth*, a ddarluniai fywyd y cyfnod yn Llŷn ac Eifionydd — bywyd a oedd ar chwyldroadol newid er nad oedden ni'n ymwybodol o hynny ar y pryd.

Diolch i Geoff Charles a dynnodd y lluniau fe gadwyd yr holl ffilm yn ddiogel a'i chyflwyno i'r Llyfrgell Genedlaethol ynghyd â thros chwe ugain mil o luniau a dynnodd Geoff i'r *Cymro*. Gosododd y Llyfrgell y ffilm ar dâp fideo a gafodd werthiant da — gyda phob dimai o'r elw'n mynd at ddiogelu'r ffilm.

Ond, hanner can mlynedd yn ôl, ar yr un prynhawn yn Llundain, recordiwyd nid yn unig y traethiad Cymraeg ond un Saesneg hefyd gan Cynan. Galwyd y copi Saesneg, sy'n union yr un fath â'r un Cymraeg, yn *The Heritage*. Y bwriad ar y pryd oedd cael ei dangos i blant ysgolion di-Gymraeg er mwyn dod â nhw'n nes at adnabod plant Cymraeg eu cefndir. Trodd y bwriad hwnnw'n anymarferol bryd hynny ond, yn awr, mae'r Llyfrgell newydd gyhoeddi *The Heritage* hefyd ar fideo. Ac rwyf newydd weld y cynhyrchiad am y tro cyntaf ers hanner can mlynedd.

Ac nid i hysbysebu rydwi'n sôn am hyn oll ond am fod Geoff Charles, na fedr ysywaeth yn ei ddallineb weld ei luniau ei hun, yn ddeg a phedwar ugain ddydd Iau diwethaf. A dyma ddymuno llawer pen-blwydd arall iddo fo.

PAPUR NEWYDD
6 Chwefror, 1999

Ar ddalen flaen *Y Cymro* yr wythnos yma roedd yna stori dda am fwriad Adran Newyddion BBC Cymru, prif wasanaeth newyddion Cymru benbaladr, cyn sefydlu'r Cynulliad, i ddarparu papur newydd dyddiol Cymraeg, fy hen freuddwyd. Ar y we — menter deledol weledol sy'n haeddu mawr groeso a chefnogaeth.

Ond wrth groesawu mae'n rhaid pwysleisio na ddylai hyn daro yn ei dalcen ymgais i gyhoeddi papur dyddiol Cymraeg go iawn. Yn hwnnw y dylesid sicrhau'r darlun cyflawn o'n bywyd, ynghyd â'i bwyso a'i fesur gyda'r farn annibynnol arweiniol. Ac felly, am y tro, dyma fi'n dychmygu pa lu o bynciau pwysfawr y buasai'r fath bapur Cymraeg yn debygol o'u trafod yr wythnos yma pe buasai'r fath bapur.

Byddai rhaid ymdrin â'r codiadau anghyfartal i'n hathrawon a'n nyrsus yn yr ymchwil am well gwasanaeth. A buasai'n rhaid ymholi pa effaith a gâi'r codiad mawr i brifathrawon ar athrawon ymroddedig sydd danynt. Gan ofyn ai tablau llwyddiant sydd i godi'r safon, ynteu cael gwared ag athrawon anghymwys — ac mae yna rai. Heb chwynnu rhywfaint ac anghofio llu o wag-ddamcaniaethau addysgol — megis diddymu'r hen arfer da o ddysgu'r tablau, fe fydd yna blant yn dal i wyrthiol adael ysgol wedi deng mlynedd heb fod yn rhugl rifo na darllen nac ysgrifennu.

Pwnc addysgol arall i bapur dyddiol Cymraeg yr wythnos — y Coleg Ffederal Cymraeg, Coleg Tatw Llaeth y di-ildio Ddafydd Glyn. Chafodd y syniad mo'r gefnogaeth swyddogol ac ar Radio Cymru fe ddaliodd Dafydd Glyn ei dir heb ildio'r un fer. Ni lwyddodd Iwerddon na'r un wlad Geltaidd i sefydlu Prifysgol i'r iaith frodorol. A byddai problem denu rhai i'r un Gymraeg yn aros am eu bod am ddewis y Brifysgol sy'n arbenigo yn eu maes — megis rhai sydd am fod yn filfeddygon. A rhai o'r goreuon yn bownd o ddal i fynd i Rydychen, lle cwblhaodd Dafydd Glyn ei addysg, neu Gaergrawnt. A thybed a fuasai'n rhwyddach i gael cefnogaeth i'r ymgyrch tros y Coleg Cymraeg, beth bynnag am gael llwyddiant, pe cynigid posibilrwydd arall syml, haws i'w sylweddoli, er mor anodd fuasai'r argyhoeddi — sef troi Coleg y Brifysgol Bangor, neu goleg mwy addas, yn goleg pur Gymraeg go iawn. Ynteu dyna freuddwyd gwrach arall?

Pwnc amlwg i'r papur Cymraeg fuasai'r frwydr rhwng Alun Michael a Rhodri Morgan am arweinyddiaeth y Blaid Lafur — a'r Cynulliad. Cafwyd y ddau wyneb yn wyneb ar y teledu Cymraeg a Saesneg yn ystod yr wythnos a pherfformiodd y ddau yn gymeradwy o waraidd. A diolch i'r drefn am un peth — mae'r ddau yn siarad Cymraeg. Rhodri a'r heniaith yn treiglo'n llyfn tros ei wefusau ac Alun yn didreiglad lwyddo i gyflwyno ei ochr yn ddigon effeithiol, beth bynnag am daclus. A gyda'r Toriaid mor wantan a'r Rhyddfrydwyr mor wasgaredig a Llafur mor wahanedig onid dyma'r cyfle gorau a gafodd Plaid Cymru ddyddiau'i hoes.

Ac i droi at rywbeth anarferol o ddiddorol i bapur dyddiol Cymraeg yr wythnos i wneud môr a mynydd ohono fo — y syniad o benodi bardd cenedlaethol i'r Cynulliad — dau yn wir, un o bob iaith, a'r rheini i fod wrth erchwyn y Cynulliad ac yn gefn iddo fo. Eu rhamantus dasg, meddir, cydweithio'n farddol gyda'r Cynulliad gan fod yn gefn iddo, a'r gefnogaeth i ymddangos yn y cofnodion swyddogol. Bod hefyd yno ac yn eu swyddfa i ysbrydoli gweithgarwch y Cynulliad a bod yn llysgenhadon diwylliannol tros Gymru. Y dewis i'w wneud gan y Cynulliad a'r Academi, sydd y tu ôl i'r rhamant. Cyflog — deng mil. Pwnc y buasai'n rhaid i'r papur dyddiol Cymraeg ei drafod a'i ddatrys yn y niwlogrwydd. A oes yna'r fath dderwyddon biwrocrataidd ar gael yng Nghymru am ddeng mil y flwyddyn, ac a fydd yna ddigon o wleidyddion etholedig a fydd yn barod i wrando arnyn nhw? Heb fwy o fanylu — sgersli bilîf.

A dyma wasanaeth arall y medrai'r papur dyddiol ei wneud sef, fel y gwna'r *Times* ond dim un papur na chylchgrawn Cymraeg — coffáu gyda bywgraffiad dibynadwy ar gyfer haneswyr y dyfodol y Cymry colledig gwasanaethgar. Mi fydda i'n gwneud fy ngorau bach yn fy ngofod prin a dyma'r tro yma orfod ffarwelio â Dilwyn Owen.

Deuthum i'w adnabod pan symudais i Gaerdydd, fel cymydog yn Rhiwbeina, a chyd-weithiwr yn antur fawr Teledu Cymru. Roedd Dilwyn, yr actor, eisoes yn eilun miloedd o blant pan oedd yn brif gymeriad y gyfres orchestol ar y radio, *Galw Gari Tryfan*. A daeth yn eilun y teledu wedyn fel Jacob Elis, *Pobol y Cwm* ac ym myd y ffilmiau yn *Grand Slam*. Tipyn o gerddor hefyd ac fe gollir hynawsedd difalais yr actor un a phedwar ugain oed a aned yn Llanfairfechan. Faint o hen ffrindiau sydd gen i'n dal ar ôl deudwch?

GORNEST
27 Chwefror, 1999

Fel y credais o gychwyn yr ornest, cael a chael fuasai i Rodri Morgan ennill arweinyddiaeth Llafur Cymru gyda pheirianwaith y Blaid Lafur swyddogol yn benderfynol o'i lorio. Yn y diwedd cael a chael fu hi i Alun Michael gario'r dydd gyda dim ond mymryn tros bump y cant o fwyafrif. Dyna'r ddedfryd ond yn ei manylion y llecha'r diafol. Canys nid yn unig pleidleisiau'r undebau llafur na alwodd am bleidlais eu haelodau a drodd y fantol, ond yr oedd pleidlais allweddol aelodau Cymreig cyffredin y Blaid Lafur a'i dwy ran o dair tros Rhodri Morgan. Mewn geiriau eraill fe ddewiswyd arweinydd newydd i'r Blaid Lafur yng Nghymru yn groes i ddymuniadau'r aelodau, ond nid i ddymuniad yr Aelodau Seneddol Llafur ymgreingar.

Ar achlysur arferol fe fedrid anghofio am hyn oll gan dderbyn mai busnes y Blaid Lafur yng Nghymru yw dewis arweinydd fel y gwêl orau. Ond doedd yna un dim yn arferol y tro yma gan nad dewis arweinydd y Blaid Lafur yn unig a wnaed ddydd Sadwrn ond yn ôl pob arolwg, dewis hefyd Brif Weinidog i'n Senedd Gymreig y cymerwyd tros bedair canrif a hanner i'w sicrhau. Dewis yr oedd gan y genedl Gymreig hawl i alw amdano i gael ei wneud yn ddemocrataidd — a chafodd o ddim.

Ymddengys y bydd yn wyrth onid Llafur fydd yn llywodraethu'r Cynulliad pan ddaw, ond eto fe erys un peth arall i'w fficsio, sef cael yr arweinydd, Alun Michael, yn aelod ohono. Bu'n rhy hwyr cyn ymddiddori'n ddigonol i sicrhau hawl i sefyll mewn sedd ddigon diogel i ofalu y deuai'n un o'r deugain o Seneddwyr etholedig. Felly doedd dim amdani ond gosod ei enw gyda'r ugain aelod y bydd y pleidiau eu hunain yn eu penodi yn ôl maint eu pleidlais yn yr etholiad, sydd ddim yn gant y cant o warant y caiff sedd o gwbl gan greu sefyllfa 'bizarre' a defnyddio gair y *Guardian*.

Bu'r ornest bersonol rhwng Michael a Morgan yn rhesymol waraidd ond fu mistimanars y Blaid Lafur swyddogol ddim, a beth fydd effaith hyn ar ei dyfodol Cymreig yn gwestiwn gwerth ei godi. Canys fe flodeuodd yng nghysgod diwydiant y glo a'r dur cyn y preifateiddio, ond bellach mae'r tân a fu'n gwreichioni yn y cymoedd a dduwyd yn diffodd. Nid bugeiliaid newydd yn unig sydd yma bellach ond gweithlu newydd hefyd. Mae'r olwyn fawr yn troi, 'dyw neb na dim yn parhau am byth, ac a yw'r Blaid Lafur wedi cyrraedd carreg filltir dyngedfennol yn ei hanes Cymreig, yr uchafbwynt wedi ei basio a'r dyfodol ba ffordd, i ble, gan bwy?

I barhau gyda chwestiynau cenedlaethol llai dibwys ar drothwy Gŵyl Ddewi olaf yr ail filflwyddiant. Mae'r ddadl ai'r genhinen ynteu'r cennin bron wedi ei setlo o blaid y blodyn melyn na welais i erioed mohono yn ei flodau ar Fawrth y cyntaf yn fy ngardd fach raeanog i. Ond fe holir hefyd a yw'r Ddraig Goch yn rhy fwystfilaidd a Hen Wlad fy Nhadau'n rhy ryfelgar.

Awgrymwyd rhyw arfbais gan y Llyw Olaf yn welliant ar y ddraig. Ond, hyd y cofiaf rhyw ddyrchiolaethau rhy debyg i gŵn sosej llwglyd fuasai ar ein baner wedyn. I mi does faner debyg i un y Ddraig, hawdd ei hadnabod ym mhobman.

Am Hen Wlad fy Nhadau — wel oes, mae yna eiriau digon rhyfelgar ynddi hi. Ond yr ydym wedi hen gynefino â nhw, a beth a roddid yn eu lle? Cyn i hon ddod yn anthem Cymru yr agosaf at un fu alaw Mentra Gwen. A rhaid i ni fentro llawer mwy na hynny cyn disodli'r hyn sydd gennym ni.

Ac wele enfawr golled arall. O.M. Roberts, gweithgar, cymwynasgar, diymhongar wladgarwr ac oddeutu'r onid yr, olaf o sefydlwyr y Blaid Genedlaethol — wedi mynd.

'FO'

6 Mawrth, 1999

'Mistar Jôs, Mistar Jôs, ma' Fo a Fe yn Llangybi.' Un o'r plant a'i wynt yn ei ddwrn yn cyhoeddi'r newydd i Huw D. Jones, prifathro clodwiw yr ysgol gynradd yn Eifionydd lle bûm innau'n ddisgybl. A'r rhyfeddod prin a lonnodd y bychan o'i weld ar amser cinio yn y pentre oedd rhan allweddol o'r rhaglen deledu Gymraeg fwyaf poblogaidd a fu, sef y 'Fo' yn *Fo a Fe*, Guto Roberts. Y pendant i'r eithaf, hoffus gymeriad a'i gymwynasau'n ymestyn o gymdeithas adfer cartref Kate Roberts i osod ar fideo achlysuron mawr a bach ei gymdeithas.

Roedd Guto yn un o hen deuluoedd Eifionydd, teulu Isallt Fawr yng nghesail moelydd unig Cwm Pennant, bellter byr o ffarm Tyddyn Mawr lle maged fy nhad. Ac fe fu yna sefydlogrwydd anarferol yn Eifionydd am ei bod gynt yn fro anhygyrch gyda'r môr yn cyrraedd Aberglaslyn — sefydlogrwydd na ddifrifol chwalwyd mohono hyd ail hanner y ganrif yma. O ganlyniad, yng nghyfrol Ceiri Griffith o achau teuluoedd Eifionydd, medrir gweld cymaint ohonom sy'n berthnasau ac, o graffu, gweld fy mod innau hefyd yn perthyn i Guto am i fy hen daid briodi merch o deulu Isallt Fawr, teulu y medrir cyfrif degau o feddygon yn rhan ohono. A'r enwocaf o'r rhai diweddar ydi'r llawfeddyg Owen Owen, y bu Guto Roberts yn gyfrifol am gyhoeddi *Doctor Pen y Bryn*, y gyfrol ardderchog o atgofion y meddyg poblogaidd sy'n mwynhau ei ymneilltuaeth yn Nhregarth.

Fe fu Eifionydd yn ffodus, nid yn unig yn ei beirdd ond hefyd yn yr awduron a ymddiddorodd yn hanes y fro rhwng môr a mynydd. Prin y ceir cwmwd yng Nghymru gyda hanes ei thiroedd a phob un wan jac o'i ffermydd wedi ei osod ar ddu a gwyn fel y gwnaeth Colin Gresham yn ei gyfrol fawr. A chymwynas olaf un Guto Roberts oedd cyhoeddi ei gyfrol *Eifionydd* y llynedd lle mae'n eich arwain trwy bob twll a chornel o'r fro, heb anghofio cartref yr un o'i henwogion a phrofi pa mor gydnabyddus ydoedd â'r hanes a'r campweithiau a'r cyfraniadau.

Guto ei hun yn wir werinwr hunanddiwylliedig, ac ychydig iawn o'i debyg sydd ar ôl.

Rwy'n ei gofio yn y dyddiau pan oedd yn siopwr cyn iddo ddod yn enwog fel actor ar y radio a'r teledu, ac yn gyfarwydd â'i fawr ddiwylliant. Ac y mae'n amheus a oedd yna un Cymro byw a chyn gymaint o englynion ar ei gof. Ym Mhrifwyl gynta'r Bala fe'i heriwyd gan ddau a gredent eu bod yn gwybod mwy na neb o englynion, ond fe'u lloriwyd gan Guto, a oedd yn gryn englynwr ei hun.

Nid cydnabod oedd Guto i mi ond un o'm ffrindiau pennaf — sydd wedi mynd mor brin. Ac yn y blynyddoedd diwethaf mi gefais gyfle i ymddiddori mewn rhai o'i niferus ymchwiliadau. A diddorol tros ben fu ei ymchwil a gadarnhaodd y chwedl yn Eifionydd fod gan Robert ap Gwilym Ddu, awdur 'Mae'r gwaed a redodd ar y groes', blentyn siawns o forwyn fu yn ei gartref, ffarm y Betws Fawr ar gwr y Lôn Goed. Darganfu Guto ei henw a pherthnasau iddi, a'r ffaith ei bod wedi ymfudo i'r America. Bûm innau'n ddigon ffodus i fedru dweud wrtho fod darlun o'r ferch, hyd y dydd heddiw, yn crogi ar fur hen gapel Cymraeg Moriah yn Utica i goffáu ei chyfraniad wrth sefydlu'r achos a enwodd ar ôl capel Moriah, Caernarfon.

Cofio hefyd fy siwrnai olaf gyda Guto a Marian. Mynd y llynedd ar nos Sadwrn hafaidd i Feddgelert, a oedd yn orlawn o ddathlwyr y newydd i'r pentref gael ei ddyfarnu yr harddaf yng Nghymru. Mynd am dawelwch i'r fynwent lle mae bedd fy hendaid, ond beddau Parry-Williams a'r teulu a'n llygad-dynnodd. Pedwar bedd cyfagos teulu Syr Thomas yn wahanol i'r gweddill a wynebai'n draddodiadol â thraed y meirwon at wynt y dwyrain — y pedwar yma'n wynebu'r ffordd arall. Pam? Bu pob ymchwil am ateb yn fethiant. Ac i goffáu Lady Amy wele ei henw priodol anadnabyddus, sef Emiah, gydag Amy rhwng cromfachau ar y garreg. Swnio fel enw Beiblaidd, ond dydi o ddim. Ei chwaer, Mrs Mary Llewelyn Davies, yn egluro i mi fod Emiah yn enw teuluol ers cenedlaethau ond Syr Thomas — ac Amy — wedi methu'n lân â darganfod ei darddiad. Un awgrym, ond dim prawf, mai enw a ddaeth o lwyth o Indiaid Cochion o bopeth oedd o.

Guto a Marian fu'n gyfrifol am gyhoeddi pum cyfrol o'r sgyrsiau yma a chyfrol o atgofion. Hen gyfaill a gollwyd ar wythnos ddu i minnau ar ddannedd ei saith deg pedwar, ond nad â'n angof — na'i hiwmor a gadwodd hyd y diwedd un.

YN Y GLORIAN
3 Ebrill, 1999

Am wahanol agweddau ar genedlaetholdeb a ddaeth i sylw yn ystod yr wythnos rydw i am sôn ar Basg arall — Gŵyl y bûm i'n edrych ymlaen ati hefo'r teulu cyn i angau ac amser ddadfeilio popeth. A rhaid i mi ddechrau yn Iwgoslafia lle mae angau'n llywodraethu ac amser fel pe bai wedi dychwelyd pobloedd i'r goedwig gyntefig a'u troi'n fwy o fwystfilod rheibus nag o fodau dynol. Tros chwarter miliwn o eneidiau wedi eu hymlid o'u gwlad, mamau heb y tadau, plant heb eu rhieni, hen ac ifanc ar ddisberod, ddiamddiffyn, ddiberwyl dramwy. Meddyliwch beth pe byddech chi a minnau'n un ohonyn nhw.

Mae'n rhaid gwneud rhywbeth i'w helpu, ond a ydi'r

hyn rydan ni'n ei wneud yn cyflawni mwy na dwysáu'r gofidiau? Ydi bomiau a thaflegrau'n mynd i ddatrys unrhyw argyfwng heb wneud mwy na chreu anesmwythyd cynyddol yn y gwledydd, gan gynnwys Prydain, sy'n gyfrifol am eu tanio?

Y Cenhedloedd Unedig ydi'r corff a ddylasai weithredu. Buasai'r gredinedd gan hwnnw. Ond dydi'r undeb ddim ganddo. A haws holi am ateb na'i gael i broblem cenedlaetholdeb sy'n arwain cenhedloedd i ladd ac ymlid cyd-ddynion am eu bod yn perthyn i genedl wahanol. Sy'n anghredadwy mewn cymdeithas a ystyrir yn un wareiddiedig. Anghredadwy ond trychinebus o wir.

Ac mi ganolbwyntiaf innau ar ein cenedlaetholdeb ni'r Cymry, y trafodwyd sawl agwedd wleidyddol ohono mewn tair cyfrol werthfawr a gyhoeddwyd yr wythnos yma. Mae dadansoddiad Ron Davies o'r agweddau pleidiol Cymreig at y datganoli o werth mawr i haneswyr y dyfodol fydd yn trafod y trywydd tua'r datganoli ond prin ddigon o amser i sôn am ddwy gyfrol arall sydd gen i. Un ddefnyddiol tros ben, *Cynulliad i Genedl* yng Nghyfres y Cynulliad gan y Barnwr Dewi Watkin Powell. A'r llall ddadlennol tros ben, *Lloyd George y Cenedlaetholwr Cymreig, Arwr ynte Bradwr* gan Emyr Price. Ac mi ddechreuaf i hefo honno sy'n mynd â ni'n ôl at eni'r ymgyrch a ddaeth â'r Cynulliad i ni yn y diwedd.

Yma mae Emyr Price, sy'n hogyn o Bwllheli, yn tanseilio casgliadau haneswyr gyrfa gynnar Lloyd George a haerodd mai rhywbeth tactegol hunanol oedd ei ymlyniad yn y frwydr tros hunanlywodraeth i Gymru — a thros yr iaith Gymraeg hefyd, ac mai troi'r dŵr i'w felin ei hun yn unig oedd ei gefnogaeth i fudiad Cymru Fydd.

Ond y mae gan Emyr ddadl gref a seilir gan faith ymchwiliad tros Lloyd George y cenedlaetholwr pybyr.

Dylid cofio nad oedd pregethu hunanlywodraeth i Gymru yn negawdau ola'r ganrif o'r blaen yn efengyl boblogaidd o gwbl, ac yn sicr ddim yn efengyl oedd i ennill lecsiwn pan oedd y Rhyddfrydwyr Cymreig yn fwy o Doriaid na dim arall. A doedd a wnelo dau ymlyniad Rhyddfrydol mawr y cyfnod, sef Datgysylltu a Dirwest un dim â Datganoli. Ar ben hyn roedd yna ragfarn enwadol gref yn erbyn y Batus Bach o Gricieth a gynnau mawr yr Ymneilltuwyr, *Goleuad* yr Hen Gorff a *Tyst* yr Annibynwyr yn elyniaethus i fwy na rhyw fymryn o ymreolaeth i Gymru, a hynny i ddod yn araf deg a fesul tipyn.

Bu'n rhaid i Lloyd George sefydlu *Utgorn Rhyddid* yn bapur bro ym Mhwllheli — a barhaodd hyd yr Ail Ryfel Byd, a phrynu Gwasg y Genedl yng Nghaernarfon i gael *Y Genedl Gymreig*, a'r *Werin* yr haerid a werthai ddeng mil fel tabloid ceiniog, a'r *North Wales Observer* i ledaenu'r neges tros hunanlywodraeth i Gymru. Neges nad oedd gan Gladstone, pennaeth y Rhyddfrydwyr, ddiddordeb ynddi ac yn wir a wrthwynebid yn ffyrnig gan Ryddfrydwyr Cymreig megis Bryn Roberts, yr Aelod Seneddol tros Eifionydd.

Pan ddaeth y Cynghorau Sir newydd, Lloyd George oedd un o'r ychydig a fynnai siarad yn Gymraeg yng Nghyngor Sir Gaernarfon. Gwelai'r cynghorau yma'n sylfaen i gymdeithas unedig a ddatblygai'n Senedd i Gymru, gan ddefnyddio arian y degwm a threth y goludog i ddod â phensiwn i'r henoed ac addysg rad i Gymru o flaen Lloegr.

Daeth y freuddwyd i ben yng Nghynhadledd y Rhyddfrydwyr yng Nghasnewydd 1886 — ond darllenwch y gyfrol am y stori gyflawn, bwysig.

Ac am y darlun cryno a chyflawn o'r Cynulliad a ddaeth ganrif yn ddiweddarach, gweler *Cynulliad y Genedl*, Dewi Watkin Powell am ddwy bunt — anhepgorol i bob cynghorydd a phob un sydd â'r diddordeb lleiaf yng nghyfansoddiad a phwerau'r Cynulliad. Popeth yma dan benawdau taclus, heb utgyrn yn seinio na phortread anfeirniadol chwaith. Sut yn union mae'r Cynulliad i weithio, beth yn union ydi ei hawliau a'i faes llafur, ffordd y gall ddatblygu'n nerthol gyda chydymdeimlad a chefnogaeth. Ffrwyth ymchwil drylwyr sy'n ateb eich holl gwestiynau na chewch chi mo'i well yn fy marn fach i.

Y NEWID BYD
19 Mehefin, 1999

Mae wythnos yn amser maith mewn gwleidyddiaeth yn ôl Harold Wilson. Pa mor faith felly ydi chwe wythnos? Mewn llai na hynny fe welsom chwyldro yng ngwead gwleidyddol Cymru, gyda'r Blaid Lafur a lywodraethodd am lawer mwy na hanner canrif yn gorfod ildio'i thir i Blaid Cymru a ddycnodd am lawer mwy na hanner can mlynedd i hawlio'r etifeddiaeth.

Yn y lecsiwn Ewropeaidd, dim ond wyth ar hugain y cant o etholwyr Cymru a drafferthodd i osod croes ar bapur, ac felly dydi'r ddedfryd ddim yn un derfynol. Ond fe aeth Plaid Cymru i'r frwydr yn unol ac o ddifrif i brofi nad mymryn o lwc oedd eu llwyddiant am seddau yn y Cynulliad. A gyda help bwngleriaeth a difrawder y Blaid Lafur wele roi caead ar y piser yn Etholiad Ewrop, gyda phleidlais Plaid Cymru o fewn cyrraedd i un Llafur, gan anhygoel ennill dwy o'u pum sedd Ewropeaidd. Sy'n cryfhau'r ymdeimlad fod Llafur wedi goroesi ei huchafbwynt Cymreig a Phlaid Cymru yn ymgyrraedd tuag ato. Ond, mae tair blynedd hefyd yn amser maith mewn gwleidyddiaeth a sobrwydd ydi cofio y gallasai bryd hynny cymaint deirgwaith bleidleisio pan ddaw'r Etholiad Cyffredinol — nifer a fedrai wyrdroi popeth.

A stori wleidyddol Gymreig nad oedd am ddiflannu nes ei chael yn gyflawnach ydi un Ron Davies, a'r sialens i'w chael yn gyflawnach yn un na fedrai'r wasg boblogaidd ei hosgoi — a wnaethon nhw ddim. Ac yn y diwedd y *News of the World* a enillodd, gan gornelu'r gwleidydd a'i gael i gyffesu'n gyhoeddus yn y diwedd ei fod yn ddeurywiol.

Mae pob un ohonom yr hyn ydi o, ac er mor anodd ydi hynny weithiau, mae'n rhaid i'r gymdeithas ein derbyn ni fel rydan ni — o fewn rheswm. Mae yna elfennau yn ein cread na fedrwn eu newid. A hyd yn oed pe bai'n ddoethach nag y bu, a'i fod am wneud hynny, prin y medrai Ron Davies newid tros nos yn rhywun arall fel pe bai'n un o gymeriadau *Pobol y Cwm*.

Fe aeth Ron Davies, yn anffodus, i chwilio am drwbwl fwy nag unwaith — a'i gael. Aeth o ddim yn hollol mor bell ag Oscar Wilde, y llenor a'r dramodydd, ond chadwodd o chwaith ddim yn gyfan gwbl glir o bob trwbwl, megis A.E. Housman yr ysgolhaig clasurol a'r bardd, neu'r hanesydd Cymreig cymeradwy, John Davies. Ond fe aeth ran helaeth o'r ffordd tua distryw trwy beidio â datguddio pethau cudd yn eu cyflawnder ac mewn da bryd. A yw ei holl drafferthion y tu ôl iddo'n awr ai peidio — amser a ddengys.

Yn sicr, doedd hi ddim yn rhaid gwneud o'r stori yr hyn a wnaeth Mike Parker, cyd-olygydd *A Rough Guide to Wales*, yn *Planet* — sef os gwelwch chi docyn gwnewch o'n fwy. A'r hyn a haerodd heb arlliw o sail oedd fod yna elfen gref o wrywgydiaeth ym mywyd Cymru gydol ei hanes, a'i bod yn elfen gryfach yno nag ydoedd ym mywyd y Saeson. Ac ar ben hyn ychwanegu, am ryw reswm annirnadwy, yr hyn sy'n ddychymyg noeth, sef y gallasai fod Dewi Sant ei hun yn wrywgydiwr. Gwared ni.

A gan i mi gynnau gyfeirio at *Pobol y Cwm*, cyfres ryfeddol ei llwyddiant a'i pharhad, rhaid i mi holi ymhellach am agwedd S4C tuag at ei gwylwyr. Yn Sleifars y Sgrîn, sy'n rhestru'r nifer sy'n gwylio'r rhaglenni mae'r gynulleidfa fwyaf o ddigon gan *Pobol y Cwm*. Ond yn lle nodi faint sy'n gwylio bob nos, yn awr ychwanegir gwylwyr rhaglen ailymadroddol y Sul at bob un o bum rhaglen yr wythnos gan greu camargraff o faint gwylwyr y noson. Y ffordd onest fuasai dweud faint sy'n gwylio ddyddiau'r wythnos a'r Sul ar wahân. Ceisio rhoi llwch yn y llygaid ydi'r dull presennol. A gyda llaw, y rhaglen sy'n cynnwys cymysgedd o Gymraeg a Saesneg, *Heno* ydi un na fu'n un o Sleifars y Sgrîn o gwbl ers rhai wythnosau. Oes yna wers yn hynny? A oes yna unrhyw raglen, papur, cylchgrawn dwyieithog wedi llwyddo?

A dyna ni — a'r cyfan oll yn chwarae plant o feddwl am yr erchyllterau sy'n dod i olau dydd yn Kosovo. Os ydi'r rhyfel trosodd dydi'r gofidiau ddim.

PWLL DIWAELOD
26 Mehefin, 1999

Mi gododd terfyn rhyfel Kosovo y cwestiwn ai dyma'r rhyfel olaf a wêl Ewrop. Pe buasai'n rhaid i'r llywodraethau sy'n eu cyhoeddi ymladd y rhyfeloedd eu hunain, fe fuasai. Achos does yna neb byth yn gofyn i ni'r werin oes yna ryfel i fod ai peidio — er bygwth refferendwm am bethau dyrys fel yr *euro*.

Ar ben hyn codwyd cwestiwn arall, sef a oedd hwn yn rhyfel cyfiawn. Doedd yna ddim olew nac elw yn y fantol, dim ond hawliau dynol a'i gwnâi'n anodd golchi dwylo a gwneud dim byd. Ond a wnaed yr hyn a wnaed y ffordd iawn?

Medrir cytuno y bu'n rhyfel anarferol, un hollol unochrog a enillwyd o'r awyr heb filwyr na cholledion nes, yn baradocsaidd, y collwyd dau filwr pan ddaeth yr heddwch, un yn Gymro o Went. Ond ai datrys anfadwaith ynteu ei wneud yn waeth wnaeth NATO?

Ac wedi ateb pob cwestiwn a gododd y rhyfel beth am y problemau a gododd yr heddwch wrth geisio ailgartrefu'r miloedd mewn mamwlad a anrheithiwyd gan Serbiaid a NATO. Ac wele heddiw yr union genhedloedd fu'n tywallt eu bomiau o bwll diwaelod yn gorfod adfer y difrod y buon nhw'u hunain yn rhannol gyfrifol amdano ar ychwaneg o aruthrol gost — ond un a ddeuai â chryn ffortiwn i lu o'u cwmnïau.

Ar ben hyn gorfod gofyn i'r Albaniaid a anrheithiwyd i gyd-fyw'n gymdogol gyda'r Serbiaid a laddodd eu teuluoedd. Sy'n gofyn gormod i gig a gwaed.

Pawb â'i farn am y rhyfel cyfiawn, ond maint y gost y tu hwnt i bob dadl. Ac yma, waeth beth ddywed yr ystadegau, mae nifer y dioddefwyr sy'n gorfod aros am amser afresymol am driniaeth ysbyty'n parhau yn ddifrifol. Hen ffrind, llawn dyddiau, newydd gael trin ei chlun wedi gorfod dirfawr ddioddef a disgwyl am ddwy flynedd, ymhell o fod yr achos gwaethaf. Dim terfyn ar y cwynion er bod gwellhad pur fuan yn bosib os medrwch chi dalu. Ond dim arian i gynnal gwasanaeth iechyd effeithiol gan y wladwriaeth. Na'r arian i gynnal gwasanaeth addysg addysgol-effeithiol chwaith — gwasanaeth y mae colli'r hen ysgolion sir, y cownti sgŵl, yn cynhyrchu cenhedlaeth fas ddigefndir, ddiddiwylliant o blant.

Ond yr oedd yna gronfa ddihysbydd i fomio'r Serbiaid heb falio pris sawl ysbyty a sawl ysgol oedd yn sgrialu'n ddifrodus trwy'r awyr bob dydd ac am amser hollol amhenodol. Os oes yna'r fath arian ar gael i gynnal rhyfel pam nad oes yna fwy at gynnal dinasyddion iach a deallus mewn heddwch?

Ac fe ddaeth erchyllterau eraill llai bygythiol i fy nghof bnawn Sadwrn pan euthum am drip i'r Lasynys, na bûm erioed ar ei gyfyl o'r blaen, i weld y man lle creodd Ellis Wynne, y Bardd Cwsc, ei ddarluniau ysgytwol mewn Cymraeg godidog o ofnadwyaeth angau ac uffern yn ogystal â'r byd hwn. Ond heb fentro cyflwyno gweledigaeth o baradwys am fod pechod cyn gymaint mwy cymeradwy ac atyniadol na rhinwedd —

sy'n egluro pam mae'r *News of the World* yn gwerthu cyn gymaint yn well na'r *Goleuad*.

A sgwn i faint o'n pobol ifanc sy'n dal i ddarllen a gwerthfawrogi arddull ogoneddus a hyfryd y Bardd Cwsc — neu'n ymddiddori yn ei gartref a'i fro a'i hanes. O drugaredd mae yna gymdeithasau hanes llewyrchus trwy Gymru ac apêl arbennig gan hanes lleol — heb gefnogaeth ein hieuenctid. A sgwn i sut bobol ganol oed a hen fydd y rheini.

Ac yn Eglwys Llandinorwig, Deiniolen nos Iau nesaf cofir am hen dristwch bro chwareli Arfon. Gan mlynedd i'r dyddiad aeth aelodau Ysgolion Sul yr ardal am drip i Bwllheli, lle bu deuddeg — naw yn blant — foddi pan drodd cwch rhwyfo yng ngolwg y lan — y cyfan yn aelodau o bedwar o deuluoedd eglwys Dinorwig. Yr oedd oddeutu pum mil yn eu hangladd. Ac i goffáu'r hen drychineb mae'r Deon Gwlad, Idris Thomas, ficer gweithgar Llanaelhaearn a Chlynnog wrth odre'r Eifl a brodor o fro'r chwareli yn cyhoeddi cyfrol ddiddan drwyadl sy'n cynnwys hanes y trychineb a darlun o fywyd y cyfnod — *Pêl Goch ar y Dŵr*, gwasg werthfawr Carreg Gwalch, pedair punt — ar werth yr wythnos nesaf yma.

Ac at y golled fawr ddiweddar — Raymond Edwards, un o blant y Rhos a gofir yn arbennig fel pennaeth Coleg Cerdd a Drama Cymru lle bu hoelion wyth fel Hywel Gwynfryn ymysg ei fyfyrwyr.

GENESIS
15 Mai, 1999

I ddechrau, cip bach yn ôl ar Etholiad y Cynulliad. Pa mor edifar tybed ydi Tony Blair am orseddu'r bleidlais gyfrannol yng Nghymru a'r Alban, gan mai i'w blaid o y rhoddodd honno'r ergyd drymaf. A'r bleidlais boenus o isel o chwech a deugain y cant yn codi cwestiwn neu ddau. Ar y naill law bu cynnydd syfrdanol na fedrir ei ddibrisio na'i ddiystyru i Blaid Cymru — a'r codiad yn un tros Gymru gyfan. Ar y llaw arall mae'n debygol y bydd rhyw ugain y cant yn rhagor yn pleidleisio pan ddaw'r Etholiad Cyffredinol ac y bydd nifer o gefnogwyr Llafur, na thrafferthodd i bleidleisio yn Etholiad y Cynulliad gan nad oedd yn effeithio o gwbl ar fwyafrif y Llywodraeth Lafur yn San Steffan, yn gweithredu'n wahanol cyn mynd cyn belled â helpu i danseilio honno.

Am y ffordd y cyflwynwyd ac y trafodwyd yr Etholiad Cymreig, medalau aur i'r *Western Mail* a'r *Daily Post* a'r BBC ac i *Golwg* am rifyn sylweddol werthfawr yr wythnos yma. A gwnaeth *Y Cymro* yn dda o'r amser byr fu ganddo, a geirda i'r *Herald* hefyd.

Cafodd y Cynulliad ei hun agoriad cartrefol, anseremonïol ei wisg a'i drefniant a phob penodiad yn unfrydol. Cyrhaeddodd yr Arglwydd Elis Thomas ei nod o ddod yn Llywydd — neu Lefarydd — y sefydliad newydd trwy roi ei lle anrhydeddus i'r Gymraeg ac osgoi'r arferiad o drosi ei Gymraeg i'r Saesneg hefyd — gan briodol adael hynny i'r cyfieithwyr. Bydd y barchus amhleidiol swydd yn rhwystr i'r Arglwydd ychwanegu'n helaeth at ei ddatganiadau syfrdan, ond fe'm syfrdenir innau oni thry yn un o'n delwau carismatig gyda mymryn o lwc.

Syfrdandod arall yn oedfa gynta'r Cynulliad fore Mercher — dim swydd yng nghabinet Alun Michael i Ron Davies — ac ar hynny y canolbwyntiodd y wasg Seisnig. Dydi ceisio egluro'r rhesymau tros y penderfyniad ddim yn waith proffidiol, ond fe roddwyd iddo gadeiryddiaeth bur allweddol. Y gwir amdani ydi mai Ron Davies ei hun, er maint ei gyfraniad, sy'n gyfrifol am y ffaith nad y fo ydi arweinydd y Cynulliad — ac mi fuasai'n dda gen i weld teitl mwy derbyniol na Phrif Ysgrifennydd i hwnnw. Efallai y dylaswn i a'm tebyg gyfeirio ato bob amser fel Prif Weinidog.

Fedra i ddweud fawr ddim am aelodau'r Cabinet gan mai Rhodri Morgan yn unig sy'n adnabyddus trwy Gymru. Gwaed newydd — iawn. Pedair merch — iawn. Prinder Cymraeg saith o'r wyth — ddim yn iawn na chytbwys o gwbl. Ond nid ymddengys penderfyniad Alun Michael i fentro ar lywodraeth leiafrifol yn un annoeth. Buasai taro bargen gyda'r blaid wannaf yn rhoi ffafriaeth i honno ar gorn y gweddill. A buasai'n rhaid i'r tair plaid arall wrthryfela'n gytûn ar fater o bwys, sy'n annhebygol, cyn medru dymchwel yr oruchwyliaeth. Hyd yn oed wedyn, does dim yn y ddeddf a sefydlodd y Cynulliad yn rhagweld etholiad arall eto fyth cyn pen y pedair blynedd.

Mae aelodaeth y Cynulliad yn gwahaniaethu fwyfwy oddi wrth ddelwedd yr hen Aelodau Seneddol Cymreig gweithiol, gwerinol. Dim Jim Griffiths na Dai Grenfell nac Aneurin Bevan. Mae yna ddau ffarmwr — dau Dori, Peter Rogers a Glyn Davies. Un gweinidog yr efengyl, Rhodri Glyn Thomas. Dau gyfreithiwr, Ieuan

Wyn Jones a John Griffith. Un bargyfreithiwr, Carwyn Jones. Pedwar athro, Michael German, Cynog Davies, Christine Humphreys a Gareth Jones. Y gweddill yn weinyddwyr a darlithwyr. Dau ddwsin o ferched: Llafur — 15, Plaid Cymru — 6, Democratiaid Rhyddfrydol — 3. Ac yn yr Etholiad roedd naw o bleidiau bach ac ymgeiswyr Annibynnol. A'r cyfansoddiad — Llafur 28, Plaid Cymru 17, Torïaid 9, Democratiaid 6.

A pheidiwch â meddwl am hanner munud y cewch Gynulliad a fedr gytuno ar bob peth — fyddai yna ddim pleidiau pe ceid hynny. Fydd o ddim mor lliwgar nes cyson hoelio'r sylw chwaith — fwy nag ydi cyngor sir, ond bydd yn arolygu buddiannau Cymru ym mhob maes, heb gynsail, a gyda phroblemau llawer pwysicach na chael bîff ar yr asgwrn bore fory, er y daw hwnnw hefyd yn ei dro.

I ddod yn nes adref — yn nes i mi — ac at raglen a ffilmio da ynddi. *Taro Naw* S4C fu'n trafod faint o hiliaeth fu yna yng ngwrthodiad Cyngor Sir Gwynedd a phentrefwyr Trefor i ganiatáu sefydlu pedwar ugain — tri chant yn wreiddiol — o gychod yn yr hafan dawel wrth odre'r Eifl. Ni ddilynwyd gosodiad Cyngor Gwynedd fod yna Gymro, na fu sôn amdano wedyn, gyda'r Sais yn y fenter, ac wrth haeru i hwnnw gael ei erlid am ei fod yn Sais, yn hollol amherthnasol haerwyd hefyd i'r pentrefwyr erlid Cymro oherwydd ei ddaliadau o. Crewyd darlun o bentref rhagfarnllyd, hwliganaidd — pentref a gadwodd ei Gymreigrwydd a'i ddiwylliant ac a dynnodd ato'i hun y dieithriaid a ddaeth yno gynt i'r chwarel. Yn erbyn y *cychod* roedd y brotest — un ddigon teg. A phe bai Dewi Sant ei hun yn dod â nhw yno, yr un fuasai'r ymateb.

CAMAU GWAG
22 Mai, 1999

Wedi i'r Cynulliad ymgynnull yn rhesymol ddidramgwydd ac i gyhoeddusrwydd dawelu ar yr hyn a ystyriwyd yn gam gwag gan Alun Michael pan adawodd Ron Davies allan o'i gabinet, wele gamau gweigion go iawn cyn i'r Cynulliad fedru dechrau meddwl am ddiwrnod o waith. Daeth y brotest fwyaf yn erbyn penodi Christine Gwyther, a etholwyd dros Orllewin Caerfyrddin a De Penfro, i ofalu am amaethyddiaeth a hithau'n llysieuwraig.

Amddiffynnwyd y penodiad gan Rhodri Morgan ac eraill trwy ddadlau nad beth sydd yn ei bol ond beth sydd yn ei phen sy'n cyfrif — a fedr neb anghytuno â hynny. Ond dydi'r ateb ddim mor syml â hynny heb i ni ddeall pam mae M/s Gwyther yn llysieuwraig. Mae gen i ddwy wyres sy'n llysieuwyr ac mi wn i pam. Nid am nad ydyn nhw'n lecio cig ond am eu bod yn erbyn lladd creaduriaid a dal pysgod i sicrhau'r cig. A waeth sut y ceisir cyfiawnhau'r penodiad, ceisiwch chi argyhoeddi ffermwyr sy'n dibynnu ar eu marchnad gig fod hyn yn gwneud synnwyr. Ar ben hyn fe gaiff y wraig hi'n sobor o anodd i wynebu ar ei thasg am na feiddia wneud y camgymeriad lleiaf heb orfod wynebu tymestl o edliw.

A'r cam gwag arall oedd annoeth ddewis i ofalu am yr iaith Gymraeg, Tom Middlehurst a aned yn Ormskirk, a etholwyd heb air o Gymraeg tros Alun a Dyfrdwy, ac a ddywed ei fod am ddysgu'r iaith. Ond dydach chi ddim yn dewis i swydd rywun na ŵyr un dim amdani ond sydd am geisio dysgu. Aelod arall o'r cabinet a gwae iddo wneud camgymeriad heb glywed am ei deulu.

Un ddadl arall i'w tharo yn ei thalcen. Sef un o ddadleuon Alun Michael tros beidio â chyfieithu Saesneg y Cynulliad i'r Gymraeg am fod pawb ym medru Saesneg. Sy'n ddadl tros beidio â gwneud un dim tros yr heniaith a gwneud i chi ymholi i beth felly mae'r Bwrdd Iaith yn da — sy'n gwestiwn da. Gan iddo roi ei sêl bendith ieithyddol ar benderfyniad Alun Michael.

Wrth eu ffrwythau yr adnabyddir hwy, aelodau'r Cynulliad ond, gwnelont â wnelont, bydd eu cyflog yn ddiogel a digonol. Bydd Aelod Cyffredin yn derbyn tair a deugain o filoedd a throsodd o bunnau'r flwyddyn. Pob un o wyth aelod y Cabinet tros saith a thrigain o bunnau. Mae'r Aelodau hynny sydd hefyd yn Aelodau yn San Steffan, lle cânt bum mil a deugain, yn cael hefyd un rhan o dair o gyflog Aelod Cyffredin o'r Cynulliad i wneud cyfanswm o dros bum deg chwech o filoedd y flwyddyn. Ac Alun Michael, tra pery yn Ysgrifennydd Cymru hefyd, yn cael tros chwe ugain mil o bunnau'r flwyddyn — mwy na Tony Blair — pe codai bob ceiniog ddyledus. Ond mae am fodloni ar ddim ond naw deg o filoedd y flwyddyn.

Ac ar ben pob un o'r cyflogau yna mae yna daliad gwirioneddol hael at y costau.

Ac o'r trigain aelod, un ar bymtheg sy'n siarad Cymraeg gyda chwech arall yn dysgu.

A gerllaw — y milflwyddiant. A dyma'r gair a ddefnyddia'r Athro Hywel Teifi Edwards yn ei gyfraniad i raglen cyhoeddi Prifwyl Llanelli, *Gorsedd y Beirdd*. Pam defnyddio'r gair mileniwm heb fod ei angen ar radio, teledu, papur a chylchgrawn. A oes yna ormod i'w ddweud gan ormod o ddysgwyr a rhai digefndir?

Ond cofiwyd am ganmlwyddiant hefyd. Cofiwyd canmlwyddiant marw Tom Ellis, y bu cwrdd i'w goffáu yng Nghefnddwysarn na chafodd y sylw a haeddai. Bu'n un o gymwynaswyr mawr Cymru a'i sefydliadau er bod angen taflu mwy o oleuni ar wrthgiliad Lloyd George ac yntau oddi wrth egwyddorion hunanlywodraeth Cymru Fydd.

A bu cofio canmlwyddiant geni y bardd mawr Gwenallt. Unwaith yn unig y cefais ei gyfarfod. Cofiaf ei wahodd i'r rhaglen deledu *Nos Iau*, ddydd y cadeirio ym Mhrifwyl Abertawe yn 1964. Gwahoddwyd hefyd T.H. Parry-Williams i sôn sut y llwyddodd i gael cadair Prifwyl Wrecsam, a enillodd yn 1912, adref bob cam i Ryd-ddu bryd hynny. A Gwenallt i ddweud sut y cafodd yntau gadair Prifwyl Abertawe 1926, oedd yn un o'r cadeiriau mwyaf a thrymaf a fu, i'w gartre yntau. Bu llwyddo i gael y ddau at ei gilydd fynd yn ffliwt bron iawn am nad oedd yna ormod o Gymraeg rhyngddyn nhw ar y pryd — ond trodd popeth yn dda yn y diwedd.

Bu colledion o dri o'n meysydd — Ellen Rogers Jones ac Ioan Bowen Rees ac i gwblhau'r triawd, Mathonwy Hughes, y cofiodd Morfudd Strange mor benigamp amdano yn *Y Cymro* ac Angharad yn yr *Herald*.

Y TATWS — A'R SENEDD
29 Mai, 1999

Am datws newydd yr oeddwn i'n meddwl sôn am fod eu tymor yn rhywbeth y bydda i'n mawr edrych ymlaen ato. Ac mi ddaethon unwaith eto yn ôl eu harfer. Rhai Jersey yn gyntaf — crafwrs ardderchog, butwrs gweddol. Eu dilyn gan rai Penfro a Môn — nid cyn hawsed i'w crafu ond mwy blasus ar blât gyda'r flaenoriaeth o'r mymryn lleia'n mynd i datws Môn.

Ond mae tatws newydd yn bethau y medrwch eu pwyso a'u mesur bob blwyddyn gydol oes, ac fel maen nhw'n heneiddio maen nhw'n mynd, fel plant, yn llai atyniadol ac yn cael eu cymryd yn ganiataol. Yr un fath â sefydliadau hefyd — gan gynnwys y Cynulliad tybed?

Ac ar hwnnw, wrth gwrs, mae'n rhaid i mi ganolbwyntio gan fod dydd Mercher gyda'r pwysicaf yn hanes Cymru — diwrnod swyddogol agor y Cynulliad Cenedlaethol, y Senedd sydd mor newydd â'r tatws newydd, er, pam mae'n rhaid agor pethau'n swyddogol ar ôl iddyn nhw gael eu hagor eisoes sy'n dal yn ddryswch i mi. Un gŵyn am y Cynulliad gan garfan o fy nghyd-Ogleddwyr — ei fod mewn lle rhy bell o'r enw Caerdydd yn gŵyn y medraf ei hateb, sef ei fod o'n lot nes na Llundain.

Pan egyr y Frenhines Senedd San Steffan mae yna rwysg a ddatblygodd tros ganrifoedd — ysblander amhosib ei gynllunio tros nos. A phan ddaeth y Frenhines a'i gŵr a'i mab hynaf yn drindod i brifddinas Cymru fore Mercher, dim ond mymryn o'r rhwysg y medrodd ddod gyda hi — fawr mwy na dwy goets, wyth neu naw o geffylau gwynion, dau neu dri taeog mewn lifrai. Dim coron ar ben y fam, dim medalau ar frest y gŵr, dim tair pluen yn llaw'r mab. O ganlyniad wele ymweliad brenhinol eithriadol o gartrefol gyda'r mawrhydi yn gymysg â'r werin oedd wrth eu cannoedd hyd y strydoedd.

A rhoi o'r neilltu a ydych chi'n frenhinwr neu weriniaethwr neu'n ddim byd, erys mai rhan o gyfansoddiad y Brydain frenhinol ydi'r Cynulliad a rhaid cydnabod i'r dathliadau, a deledwyd mor wych gan y BBC, droi'n llwyddiant a ymylai ar yr ysgubol. Roedd yr oedfa yn eglwys gadeiriol Llandaf yn apelgar, ddyfeisgar, amrywiol tros ben, a'r lle a roddwyd i'r Gymraeg gydol yr ymweliad yn anrhydeddus. Ac mor hyfryd oedd i'r gweithrediadau ar ei gychwyn bereiddio gyda chanu penillion gan Ferched y Garth. A pham na fedrwn ni — a pham na fedr Radio Cymru — ddarganfod ynys yn y môr o'r pop estronol i noddi mwy ar y trysor digymar Gymreig yma sydd mor arbennig i'n canu ag ydi'r cynganeddion i'n cerddi?

Yn yr oedfa yn Llandaf, llawen hefyd oedd clywed Blaenwern a Hyfrydol ac mi fuasai Lloyd George ei hun yn curo cefnau llanciau Llanystumdwy a gydadroddodd mor awdurdodol ddisgybledig o'r ysgrythur i'n hatgoffa pwy yw'r Alpha a'r Omega, y dechrau a'r diwedd, ac efallai i holi a fydd yna hefyd, gyda'r Cynulliad, nef newydd a daear newydd ynteu dim ond bîff ar yr asgwrn.

Ac iachusol oedd gweld croeso i'r gwahanol gredoau a chrefyddau sydd yma — croeso a allasai fod yn ehangach — rhai fel enghraifft yn gofidio anghofio'r Undodiaid gwasanaethgar y mae Cynog Dafis yn un ohonynt. Ond yr oedd yn amhosib cofio am bawb.

Ac yn y tun sardîns lle mae'r Cynulliad yn cwrdd tros dro arhoswyd yn anseremonïol. A marciau llawn i Dywysog Cymru am gyflwyno ei anerchiad bob gair, bob un wan jac, mewn Cymraeg graenus a ddylasai argyhoeddi peth ar ein helfennau snobyddlyd. Yn wir, cafwyd tri argraffiad llafar o'n heniaith a dreiglodd neu a lithrodd tros dair min. Cymraeg y Tywysog, Cymraeg Alun Michael a Chymraeg y Llywydd, yr Arglwydd Elis Thomas a haedda glod mawr am lynu wrth yr heniaith hyd yr eithaf yn ei lywyddiaeth — arwydd arall mai efe a dry'n seren y Cynulliad, gyda Rod Richards yno hefo'i bupur i osgoi diflastod. A'r ddedfryd ar y dydd — agoriad na allesid disgwyl gweld ei well.

Achosodd cyngerdd — a chyngherddau gyda'r nos broblem fawr i ddilynwyr y bêl-droed am fod Manchester United yn ennill Cwpan Ewrop yn Barcelona wedi dwy gôl fythgofiadwy yn y funud olaf.

A dydw i ddim am i'r wythnos fynd heibio heb gofio am golli Lisa Erfyl a chydymdeimlo â Gwyn a'r teulu. Lisa'n frodor o Benllyn ddiwylliedig ac yn un o selocaf hyrwyddwyr cerdd dant yng ngogledd a de ac un o'r gwragedd mwyaf croesawgar y gwn i amdanynt. Teyrnged ardderchog iddi gan Aled Lloyd Davies ar Radio Cymru. Cwmwl ar ffurfafen wythnos fawr yn hanes Cymru.

ANNWYL SYR
21 Awst, 1999

Aed y byd i'w grogi, ond rydw i'n meddwl fod Syr Thomas Parry-Williams yn haeddu pob eiliad o fy mhum munud iddo'i hun — ac y mae o'n mynd i'w cael nhw.

Yn y gyfres *Dawn Dweud* am un bunt ar ddeg ond ceiniog cewch y cofiant cyflawn cyntaf iddo gan R. Gerallt Jones, sy'n berthynas i mi, rwyf newydd gael fy sicrhau gan Ceiri Griffith, archachyddwr teuluoedd Eifionydd.

Ar wahân i'w fawr ysgolheictod, gyda'i sonedau ac yn arbennig ei ysgrifau, mae'r Syr wedi dylanwadu ar apêl yr heniaith gan ddiddanu gwerin gyfan, ac y mae'n rhyfeddod na chefnogodd, fel ei gefnder Williams Parry, yr englyn hefyd. Ond rhydd y gyfrol oleuni ar ei yrfa gan egluro'r berthynas ddyrys rhwng y cefndryd Parry-Williams, Williams Parry a Thomas Parry — y teulu athrylithgar nad oes yr un ar ôl ond yr hen ffrind, Gruffudd Parry.

Ceir cip ar uchel ac iselfannau Syr Thomas — am ei ddyddiau ysgol yn y Port, ei berthynas â'i dad, am y ddau gyfnod pan fu ond y dim iddo droi at feddygaeth, ynghyd â dadansoddiad o'i gerddi. Dim eglurhad na sôn pam y cafodd o a'i deulu eu claddu mewn pedwar bedd ym Meddgelert a'r wyneb, nid y traed tua'r dwyrain, nac am darddiad Emiah, enw go iawn Amy.

Ar wahân i'r croeso a gefais yn ei gartref lle'r oedd mewn llawn hwyl yn ei ymddeoliad ac yn llawn straeon, mi fûm hefyd mewn cysylltiad creadigol ag o deirgwaith.

Y tro cyntaf oedd pan lwyddais i'w gael i ysgrifennu ysgrif goffa am ei gefnder Williams Parry i'r *Cymro* — un a restrir yn un o'i ysgrifau gorau. Ac mi ddaliwn fod ei berthynas â Williams Parry wedi ei chadw'n agosach nag yr awgryma'r gyfrol.

Mae stori'r ail gysylltiad yn fwy dyrys. Yn y chwedegau cynnar yr oeddwn wedi galw i weld Dora Herbert Jones, un o'r gwragedd mwyaf angerddol a gyfarfûm erioed. Wrth dynnu rhywbeth o ddrôr fe ddigwyddodd ddod ar draws darn o bapur melyn a hen nodiant arno. 'Dyma i chi rwbath diddorol,' meddai. Aeth â'r papur at y piano a chwarae alaw na fedrai hyd yn oed un mor glustfyddar â fi beidio â'i chael yn hudolus a chefais beth o hanes yr alaw. Ymddengys iddi gael ei chlywed gyntaf gan feiolinydd yng Nghastell Harlech ac iddi gael ei chofnodi a'i chynnwys gan un Dr. Crotch yn ei *Specimens of Various Styles of Music* yn nechrau'r ddeunawfed ganrif, yn 1807. Does yna ddim sylfaen o fath yn y byd i gredu ei bod yn alaw Gymreig.

Ar y pryd roeddwn i'n olygydd newyddion Teledu Cymru ac yn cynhyrchu a chyflwyno'n ychwanegol hanner awr o raglen amrywiaethol wythnosol. Mi es â chopi o'r alaw adref hefo mi i Gaerdydd gan olygu sgrifennu geiriau ar ei chyfer. Ond cefais y dasg yn ormod i mi ac mi droais at T.H. Parry-Williams, oedd yn un o gyfarwyddwyr clên y cwmni byrhoedlog, i ofyn tybed a fuasai o ac Amy yn llunio'r geiriau. Fe'u cafwyd. 'Beth yw'r haf i mi,' a chefais Anita Williams i'w canu am y tro cyntaf ar Deledu Cymru. Fy unig gyfraniad cerddorol ar wahân i addo peidio â chanu dim ond cymryd arnaf fy mod i pan oeddwn yn aelod o gôr plant cyngerdd ym Mhrifwyl Pwllheli 1925 — sylwch.

A'r trydydd cysylltiad agos â'r Syr. Roeddwn yn gynhyrchydd teledu gyda'r BBC ac yn ymwybodol na phriodol fanteisiai'r cyfrwng ar y ffaith y medrai'r teledu osod ar gof a chadw rai o'n beirdd a'n llenorion mawr trwy eu ffilmio yn eu cynefin yn cyflwyno'u gweithiau. Meddwl — beth pe buasai wedi bod yn bosib rhoi ar ffilm Williams Pantycelyn yn cyflwyno'i hoff emynau — heb sôn am lawer un arall. Ac erbyn hyn roedd y ffilm liw wedi cyrraedd ac yr oeddwn wedi cwblhau ffilm hanner can munud gyda Cynan yn Llŷn, y ffilm liw Gymraeg gyfan gyntaf gan y BBC.

A chefais gyfle i gynhyrchu ffilm gyffelyb gyda Syr Thomas yn ei gynefin yn Eryri — ond nid heb gryn anhawster am ei fod wedi ei argyhoeddi ei hun na fedrai ddysgu un dim ar ei gof mwyach am ei fod wedi troi'i bedwar ugain. Ond deuwyd tros hynny — rhywsut, gan gwblhau triawd creadigol a roddodd i mi'r pleserau gyda'r gorau yn fy mywyd. Ac nid canmol yr ydwyf dim ond dwedyd y gwir.

HEL MEDDYLIAU
4 Medi, 1999

Yr adeg yma o'r flwyddyn a'r dyddiau cŵn wedi cyrraedd yn ddiweddar a gyda'r ysgolion wedi ailagor, er nad yng Nghaerdydd na Chaergaint, mi fydda i'n hel meddyliau'n fwy nag arfer. A phan ydach chi'n byw ar eich pen eich hun rydach chi'n hel lot o feddyliau.

Heb fawr newyddion newydd, ar wahân i gyw daeargryn yng Ngwynedd ac ati bu'n rhaid i'r cyfryngau fodloni ar lenwi'r gofod gyda chanlyniadau'r arholiadau a chyflwr cyffredinol ein haddysg. A phedair wyres i 'nghadw i mewn cysylltiad â'r gyfundrefn. Erbyn hyn mae'r hynaf wedi cwblhau ei blwyddyn gyntaf yng Nghaergrawnt sydd ar ben tabl y colegau, gan ganolbwyntio ar radd mewn gwleidyddiaeth, er ei bod ormod i'r chwith i ymuno ag unrhyw blaid. Mae ei chwaer ieuengach yn wynebu ar ail flwyddyn arholiad lefel A, ac mae'r ddwy yn eithriadol glos at ei gilydd — fwyfwy byth wedi colli eu mam.

Yng Nghaerdydd yn yr arholiadau TGAU mae'r hynaf wedi cael wyth A, un A seren mewn Drama a phedair B, sy'n gwneud taid yn hapus iawn er bod ganddo ei fawr amheuon am safon yr arholiad yma ac arholiad A. Maen nhw'n llawer haws, neu mae plant heddiw'n fwy athrylithgar, neu mae yna well athrawon. Dewiswch chi — mi wn i be' ydi fy newis i. Am yr ieuengaf o'r pedair wyres, hithau yn Ysgol Glan Taf, mae ganddi flwyddyn neu ddwy cyn wynebu'r felltith arholiadol.

Un rheswm am y canlyniadau da na fedr ddal dŵr ydi bod y dosbarthiadau'n llai. Dydyn nhw ddim, er gwaetha'r addewid. A fedra i ddim gweld y cynllun o wobrwyo'r athrawon sy'n well na'r gweddill yn gwneud dim ond codi problemau y tu mewn i'r ysgolion. Fe fuasai cael 'madael ag athrawon diffaith yn gwneud mwy o sens — fe fuasen yn athrawon da i gyd wedyn.

Ac mae yna rywbeth sylfaenol arall yn dal i 'mhoeni, sef sut y medr plant adael yr ysgol gynradd wedi hir flynyddoedd heb fedru darllen na sgrifennu'n rhugl, os o gwbl. Ac mae yna blant felly. Ac mae'r dryswch yn dwysáu.

Pan feddyliaf am amser pan nad oedd yna ysgolion y wladwriaeth dim ond ysgolion cylchynol Griffith Jones, heb ddim o'r cyfleusterau modern, yn llwyddo i ddysgu gwerin gyda'r nosau wedi dyddgwaith caled, i ddarllen mewn ychydig wythnosau heb ddim ond yr wyddor — yr ABC — dull a gondemnir heddiw. Ond pam roedd o'n gweithio ddoe yn yr ysgol nos a'r Ysgol Sul? Y cwbl a wneir â'r wyddor heddiw ydi galw'r hen ABC eglur yn A By Cy sydd ddim mymryn callach ond yn llawer mwy aneglur.

Ac y mae yna le i ymboeni am yr ysgolion cyfun hefyd ac am golli'r hen gownti sgŵl, er mor Seisnig oedd honno. Ond pam mae'r plant, pan gyrhaeddant yr ysgol gyfun, yn cefnu ar holl sefydliadau diwylliannol a chrefyddol Cymru. Nid yn unig byth yn twllu'r capel ond welir mohonyn nhw chwaith ar gyfyl darlithoedd a chyrddau a ddylasai fod ag apêl at bawb, megis y cymdeithasau hanes lleol, ac enwi dim ond un. Oes yna ymdrech o gwbl i annog a chyfeirio'r ieuenctid yma yn yr ysgol i'w hargyhoeddi fod yna bethau eraill mewn bywyd ar wahân i ganu pop a thafarnau? Neu sut fath o Gymru fydd yma ymhen deng mlynedd ar hugain?

Ac am y prifysgolion, mae'r graddau sydd mor amrywiol a hawdd eu cael yn y rheini a Americanwyd wedi diraddio graddau traddodiadol y prifysgolion, er bod yr adrannau traddodiadol yn medru parhau'n acadamaidd ganmoladwy. Ond mae yna bynciau y dylid rhoi tystysgrifau ac nid y graddau traddodiadol ar eu cyfer. Wele rai o bynciau graddau sydd ar gael — Hamdden, cynllunio esgidiau, cynllunio meysydd golff, diogelwch rhag tân, rhwymo llyfrau, coginio, brodwaith, cosmeteg, cynllunio gardd, therapi harddwch, ergonomeg — beth bynnag ydi hwnnw.

A dyma fi wedi bod ddigon ar gefn fy ngheffyl — er 'mod i'n rhyw deimlo 'mod i wedi anghofio rhywbeth. Arhoswch chi — o ia, dyma fo. Os gwyddoch chi am rywun â'i draed yn rhydd gyda doethuriaeth mewn golchi llestri, anfonwch air. Mae gen i job iddo fo neu hi.

GADAEL TIR
Ebrill, 1986

Garreg Fawr a Threflan Ucha,
Treflan Isa mor ddi-stŵr,
Ty'n y Wern a Thy'n Ronnen
A Thŷ'r Ceunant ger y dŵr.

Yr Ynysoedd a Thai Isaf
A Ffridd Felen eto'n llon,
Gwastad-faes a Phantycelyn
A'r Rallt Goch ynghyd â'r Fron.

Dyna i chi dair ar ddeg o ffermydd a thyddynnod bro'r Waunfawr ar gyrion Eryri a'r rheini wedi eu rhigymu'n daclus o'u cwr. Garreg Fawr oedd yr enw cyntaf, hen gartref T.H. Williams — Tom Garreg Fawr a fu farw bedair blynedd yn ôl; yr olaf o'r degau o feirdd bro y diogelwyd eu gwaith yn y gyfrol oludog honno gan Garneddog, sef *Cerddi Eryri*, a honno wedi ei chyhoeddi drigain mlynedd yn ôl. Cyfrol sy'n ddarlun o rymuster diwylliant Cymreig pobol y gallesid yn gywir ddweud amdanynt mai cerrig oedd tir eu cartref a llwydaidd oedd eu hynt. Ond dyma'r tlawd a gyfoethogwyd.

Cyhoeddwyd *Cerddi Tom Garreg Fawr* yr wythnos hon. Ysgwn i a gyhoeddir cyfrol o'i bath eto? Canu i blant, i bobol, i ddigwyddiadau'r fro — telynegion, englynion ac emynau hefyd — ynghyd â rhai o'r ugeiniau o benillion cyfarch. Gŵr, wedi trymwaith fferm, a fedrai fod yn gefn i bob achos diwylliannol, cymdeithasol a chrefyddol. Rhan o wyrth yr hen nerthoedd.

Ac at hyn rydwi'n dod. Ambell dro fe gaf air o Forgannwg neu o Went yn fy nghwrtais geryddu am ddigalonni'n achlysurol uwchben y Gymraeg. Caf restrau o'r Ysgolion Cymraeg gorlawn a'r dysgwyr dirifedi. Byddaf yn derbyn y feirniadaeth ac yn ymdrechu i ymwroli, yn lle ymgynddeiriogi.

Ond fe ddaeth *Cerddi Tom Garreg Fawr* ag ochr arall y geiniog yn ôl i'r golwg.

Mae enwau tair ar ddeg o ffermydd yn y pennill a ddyfynnais. Wyddech chi fod 'na Saeson erbyn hyn yn byw mewn wyth ohonyn nhw? Ac allan o'r cant a deuddeg o ffermydd a restrir yn wyth pennill y gerdd gyflawn mae 'na bellach Saeson yn byw mewn trigain ohonyn nhw; Cymry mewn deugain, a'r dwsin gweddill yn furddunod?

Un o'r ffermydd a enwir ydi'r Hafod Olau. Hon, meddan nhw, oedd hen gartref John Evans a fentrodd fynd i America ar ddyrys daith i ddarganfod yr Indiaid Cochion Cymreig. Pe buasai wedi aros gartref, ac wedi byw'n ddigon hir, byddai'r Indiaid wedi ei ddarganfod o. Ond nid Indiaid Cochion ond rhai tywyllach o Pakistan. Nhw sydd ar ei aelwyd o heddiw.

Ysywaeth, mae 'na gymdeithasau, mae 'na ieithoedd, mae 'na genhedloedd yn diflannu'n gyson trwy'r byd, a ninnau'n ddall os ydan ni'n credu y byddwn ni, trwy ryw ddwyfol ras, yma am byth.

Fe anfonodd cyfaill gopi i mi o'r *Penguin News*, papur bro Ynysoedd Falkland. Mae'n llawn o hanes gweithgareddau milwyr a gweithwyr Prydain sydd yno ac fe fuasech yn meddwl eu bod nhw'n rhan hapus o'r gymdeithas, ond mae yn y papur gerdd gyfrwys gan un o'u beirdd gwlad nhw sy'n dangos beth sy'n digwydd.

Tynged y brodorion ydi cael eu boddi — nhw a'u harferion a'u traddodiad — gan y mewnlifiad, a mwynderau Saeson yn tagu pob hen ddiddanwch a fu. Mae'r ynyswyr hyn, fel eu defaid, wedi cael eu hachub er mwyn iddyn nhw gael eu lladd.

Ond i beth dwi'n sôn am foddi a thagu ym mhellafoedd daear? Rydwi newydd fod ar sgawt yn Eifionydd, heibio i hen ffarm y teulu, ar ymweliad â hen gymdogion cywir ar gwr y Bwlch Mawr chwedlonol. Ar y ffordd fach o odre'r Eifl gyda chesail y mynyddoedd, awn heibio i ffermydd yr ardal. Goeliech chi'r newid ddaeth yno? Tŷ Newydd — Saeson; Moelfre Fawr — lle bu hen deulu Robert Hughes, Uwchlaw'r Ffynnon — Saeson; Cors Ceilia, Pwll March, Cwmcoryn, Cae'r Wrach — Saeson; Bryngadfa Fawr — Hipis; Cae'r Ferch — Saeson; Pen-sarn — lle bu siop ar gwr y buarth, a lle byddai 'Nhad yn chwedleua efo'i gymdogion wrth fynd â'r fasged fenyn yno nosweithiau Gwener — Saeson; Efail Pen-sarn — lle bu'r gwreichion yn tasgu — Saeson.

Ar fy ffordd adref yng ngolau'r car mi welais ddwy sgwarnog yn diflannu i'r gors ac i dywyllwch y Bwlch Mawr. Ai dyma'r unig hen frodorion fydd ar ôl yn Eifionydd cyn bo hir, a dim rhagor o Gymraeg yno nag a oedd gan y ddwy sgwarnog 'na?

Fedrai nac ysgol Gymraeg na dysgwr fyth lenwi'r bwlch mawr a fyddai yno wedyn wrth ymlafnio i ddysgu iaith nad yw'n ddim ond Lladin.

Allan o 'O Wythnos i Wythnos' a gyhoeddwyd gan Cyhoeddiadau Mei, Hydref 1987

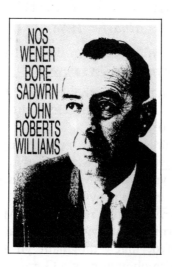

MAE DYDD Y FARN...
Rhagfyr 1988

'Mae Dydd y Farn yn dod ar frys,
Boed hyn yn hysbys newydd.'

Dyna ydi testun fy mhregeth i, sydd, wrth gwrs, dan dri phen. Ac mi ddechreuaf efo'r atomfeydd — a syfrdandod neu ddau.

Af i ddim ar ôl y ddadl fawr ar ddyfodol yr ynni niwclear. Yn hytrach, gadewch i mi ofyn cwestiwn mwy perthnasol ddyrys i chi. Mae yna ddwy atomfa yng Ngwynedd — rydw i'n byw rhyngddyn nhw. Ond mi ganolbwyntiwn ni ar un Trawsfynydd. Mae chwe chant yn dibynnu arni am eu bywoliaeth — ac o ystyried eu teuluoedd hefyd, mae'r dibyniant yn sylweddol. A'r mwyafrif helaeth ohonyn nhw'n Gymry Cymraeg da ac yn gynheiliaid gwerthfawr i'n hiaith a'n cymdeithas.

A dyma'r cwestiwn. A fedrwch chi gyfiawnhau cadw'r orsaf — a'i gweithwyr — os ydi hi'n llygru'r amgylchedd i'r fath raddau nes achosi colli bywyd un, dim ond un, o'r trigolion lleol? Cwestiwn diwydiannol, diwylliannol a, goruwch popeth, moesol. Atebwch chi.

Gadewch i mi ddwyn i gof, fel y dygwyd i mi'r noson o'r blaen, gefndir Trawsfynydd. Fe ddaeth y milwyr yno gan feddiannu nifer helaeth o'r ffermydd. Ac fe ddaethant yn ôl yno i feddiannu rhagor. Ac fe aethant oddi yno. Ac i'n hatgoffa o ddyletswyddau milwyr, mae yna gofgolofn i lanc o fugail yng ngolwg ac yn sŵn hen afon Prysor, a'r llygaid na all agor a'r clustiau byddar heb fedru gweld na chlywed.

Ac yna, dyna ragor o ffermydd yn diflannu dan ddyfroedd y llyn. A'r cyfan oll wedi digwydd yn hollol ddibrotest. Dim cyrddau mawr. Dim paentio 'Cofiwch Drawsfynydd' ar y waliau . . . Ac yna, yn hynod ddibrotest, wele'r atomfa. Cri o galon diogelwyr harddwch Eryri a rhai gwladgarwyr a dim llawer mwy. Dim ymchwydd genedlaethol.

Ac fe fu'n rhaid i'r ysgytwad, a orfododd roi ystyriaeth i'r atomfa a'i dyfodol, ddod o Rwsia, gwlad y cynyrfiadau mawr. Ar ben llygredd yr orsaf ei hun — a'r pysgod na feiddia neb eu bwyta, sy'n foldew yn y llyn — wele lwch *Chernobyl* yn dwysáu problemau teuluoedd o ffermwyr defaid. A dyma i chi stori rwyf newydd wrando arni gan ŵr a faged yn y Traws. Byddai ei nain, meddai, yn troi at Lyfr y Datguddiad pan ddeuai yna ryw ddryswch, ryw ddirgelwch, neu ryw ddychryndod mawr i'r byd. A phan ddaeth anfadwch *Chernobyl* fe drodd yntau at yr un hen lyfr — rhag ofn. Ond yn gyntaf fe ymchwiliodd i ystyr y gair *Chernobyl* — a'i gael yn gywir. Hwn yw'r gair Rwseg am wermod. Troi i Lyfr y Datguddiad a darllen hyn: ' . . . a syrthiodd o'r nef seren fawr yn llosgi fel lamp, a hi a syrthiodd ar draian yr afonydd ac ar ffynhonnau y dyfroedd. Ac enw y seren a elwir Wermod; ac aeth traian y dyfroedd yn wermod; a llawer o ddynion a fuant feirw gan y dyfroedd, oblegid eu myned yn chwerwon.'

Nos Lun dangosodd *Y Byd ar Bedwar* yn fedrus, wae a gwewyr teuluoedd o Wynedd sydd, yn nheyrnas yr atomfeydd, yn dioddef o'r canser — rhywbeth y gwn i ormod amdano — mewn rhaglen na chafodd ei llawn effaith am na chyflwynwyd ystadegau o fath yn y byd. Felly, dyma i chi un ystadegyn sy'n ddychryn — o holl fflyd ambiwlans Ysbyty Gwynedd mae gwasanaeth chwe ambiwlans yn mynd i gludo trigolion y sir niwclear yn ôl a blaen i ysbytai Gwynedd, Lerpwl, Clatterbridge, Manceinion — dioddefwyr o'r canser a *leukaemia*. Chwe ambiwlans.

'Mae Dydd y Farn yn dod ar frys . . .'

At fy ail ben — dyfodol Prifysgol Cymru na bu erioed yn Brifysgol Cymru, dim ond pedwar coleg annibynnol a amlhaodd. Ffaith — rhyw wyth mil o'r holl fyfyrwyr sy'n dod o Gymru — dim ond un o bob tri. Prifysgol pwy ydi hi felly? Yn y cefndir mae blaenadroddiad a hwnnw'n bownd o fod yn ystyried ffordd i uno'r colegau yn un Brifysgol — yn fras, o bosib, ar linellau Prifysgol Llundain. Fe olygai hynny y collai'r colegau unigol eu hannibyniaeth gan gynnwys eu hawl presennol i alw am eu grantiau eu hunain. A'r datblygiadau electronig yn ei gwneud hi'n bosib i ddilyn cyrsiau mewn un coleg a ddarlledir ar y sgrîn o goleg arall. Fe fydd yna hen ddadlau plwyfol, ond waeth un gair na chant, mae'n rhaid bellach gael y Brifysgol o'r diwedd yn un ac yn ffaith — heb anghofio mai Prifysgol Cymru ydi hi. Yma hefyd mae dydd y Farn yn dod ar frys.

A'r trydydd pen — y mewnlifiad. Ffaith — mae ceisiadau am ganiatâd i godi tai newydd ar gyrion y ffordd newydd a fydd yn arwain o Loegr trwy Glwyd i Wynedd yn llifo wrth yr ugeiniau i swyddfeydd cynllunio'r ddwy sir ac yn ymestyn hyd holl draethau Môn. Fe ddaw'r Saeson yma wrth y miloedd i'n boddi ni — ac eisoes mae polisi iaith Awdurdod Addysg Gwynedd mewn argyfwng. Ystyriwch y canlyniadau.

'Mae Dydd y Farn yn dod ar frys,
Boed hyn yn hysbys newydd.'

Allan o 'Nos Wener Bore Sadwrn' a gyhoeddwyd gan Cyhoeddiadau Mei, Tachwedd '89

TRAGWYDDOLDEB
Medi 1989

Rydw i — jest am heddiw a jest i 'mhlesio fy hun am unwaith — am newid peth ar gywair y sgwrs.

Mae yna rai pethau annirnadwy yn creu dryswch ac yn codi arswyd arnaf, ac un o'r pethau hynny ydi'r llong ofod sydd wedi teithio miloedd o filiynau o filltiroedd cyn cyrraedd y blaned Neifion. Ond nid y daith hirfaith hon ynddi ei hun sydd yn codi'r ofnau a'r amheuon a'r cwestiynau ond ei rhawd ar ôl hynny: y daith i'r gwagle y mae hi arni erbyn hyn, y daith na bydd terfyn arni. Mae hi'n ffarwelio nid â hyn o fyd ond â hyn o fydysawd ac yn chwyrlïo o afael ac o olwg y deyrnas lle mae'r haul yn frenin a thu hwnt i'r sêr ac ymlaen am fyrddiynau o ganrifoedd trwy diriogaethau na wyddom ni am eu bodolaeth. Ac oni ddigwydd rhyw ddamwain iddi, mi fydd, meddan nhw, yn dal i wibio tua thragwyddoldeb am dragwyddoldeb, a heibio i'r dydd pan fydd yr hen ddaear yma'n dadfeilio gan ddarfod amdani.

Peth anodd ydi hyd yn oed meddwl am yr ofnadwy awr honno a ragwelodd yr emynwyr a'r beirdd, pan chwelir cedyrn binaclau y ddaear; pan fo Sinai i gyd yn mygu; pan fo Môn a'i thirionwch o wres fflam yn eirias fflwch; pan dderfydd dydd a derfydd daear; pan yrr y sêr eu cryndod trwy dy waed gan siglo dy gredoau megis dail. Does dim byd yn aros am byth, dim hyd yn oed priodasau brenhinol.

Anos fyth ydi dirnad tragwyddoldeb. Fe fu hyn yn ddirgelwch i mi pan oeddwn i'n blentyn ac mae'n dal i fy mhensynnu hyd bendro. Ydi hi'n bosib mynd a mynd a mynd heb gyrraedd unman? A phe baech chi'n medru cyrraedd rhyw ben draw yn rhywle, beth sydd y tu hwnt i hwnnw? Oes yna'r fath beth â diddymdra? Rhyw ddiwrnod mi fyddwn bob un ohonom yn gwybod pob peth — neu'n gwybod dim byd. Yn y cyfamser, does yna un dim ond pensyfrdandod.

Ond un ffaith a ddaeth i'r golwg, meddan nhw unwaith eto, ydi'r annhebygolrwydd fod yna fywyd yn unman yn y bydysawd mawr sydd o'n hamgylch; nid ar y planedau, nid ar yr un o'r myrddiynau o sêr, dim ond ar yr hen ddaear yma. Ein bod ni'n fyw yma sydd fawr ryfeddod. Ydan ni'n haeddu cael byw yma sydd fater arall. Meddyliwch beth ydan ni wedi ei wneud i'n bywyd ac i'n byd. Os edrychwch trwy lyfr hanes y ddynoliaeth fe gewch ym mhob gwlad ac ym mhob cyfnod y gwerinoedd dan ormes a than fflangell yr ychydig breintiedig, ac o dan draed y byddinoedd. Ac ystyriwch beth wnaeth y dyn gwyn i'r dyn du yn Affrica, i'r dyn coch yn America, i hen drigolion Awstralia a Seland Newydd, a rhowch eiliad fach i gofio amdanom ninnau, yr hen Gymry darfodedig.

Faint o ddioddef fu yna yn y chwyldroadau mawr yn Ffrainc, Rwsia, China? Sawl Hitler fu yna erioed?

Meddyliwch beth sy'n digwydd yn Ne Affrica heddiw, lle mae yna Gymry yn gloddesta a chwarae rygbi tra bo'r hen frodorion yn cael eu crogi a'u saethu a hyd yn oed eu plant yn cael eu heidio i'r jêl am hawlio mai rhan o'r ddynoliaeth ydynt hwythau.

Meddyliwch beth mae'r Iddewon, a ddioddefodd gymaint eu hunain, yn ei wneud i hen drigolion y Balesteina y bu Crist yn rhodio'i daear i gyhoeddi ewyllys da i ddyn. Meddyliwch hefyd beth ydan ni'n ei wneud i'r ddaear ei hun: llygru ei hafonydd, ei moroedd, ei choedwigoedd, ac mae hyd yn oed y bwydydd ar silffoedd y siopau mawr yn afiach. A chysgod yr atomfeydd dros y cyfan oll.

A oes yna ochr olau? Efallai fod. Ond o Rwsia, yr ydan ni'n gwario'n golud i ymarfogi yn ei herbyn, mae'r llygedyn yn dod. Ond dydi o ddim yn dod yn esmwyth. Mae holl genhedloedd y wlad fawr wedi clywed gair newydd: rhyddid. Mae yno ddeffro, a'r deffroadau'n mynd i greu problemau mawr i gyfundrefn fiwrocrataidd, ganolog. Felly, gwyliwch wlad Pwyl, y gyntaf o'r gwledydd Comiwnyddol i'w lled-ddemocrateiddio. Ydi'r wawr yn torri ar ryw fore braf gerllaw, ynteu llwynog ydi o? Amser a ddengys; yr amser nad oes terfyn arno. Yn y cyfamser, yr ydan ni yma o hyd.

Allan o 'Pum Munud i Chwech - ac i Wyth' a gyhoeddwyd gan Wasg Gwynedd, Tachwedd 1993

CROCODEIL
1978

Gadewch i mi ddechrau trwy godi gwallt eich pen chi ac mi fydd gweddill newyddion drwg helaeth yr wythnos hon yn swnio'n dipyn bach gwell wedyn.

Dros y Sul fe adawyd i ddau neu dri chant o filwyr Tanzania gael eu dal a'u bwyta gan grocodeils mawr, ugain troedfedd o hyd, pan ymosododd milwyr Uganda — gwlad Amin — arnyn nhw pan oeddan nhw'n croesi afon. I bentyrru anfadwaith ar anfadwch fe recordiodd swyddogion ym myddin Uganda oernadau'r trueiniaid yn yr afon fawr a mynd â'r tâp i Amin, i hwnnw gael gwrando arno fo.

Mae hyn oll yn dwyn i gof y trychineb mwyaf erioed a achoswyd gan greaduriaid yn ymosod ar bobol. Nos Fercher oedd hi, y pedwerydd ar bymtheg o Chwefror yng ngaeaf 1945. Roedd mil o filwyr Japan wedi eu cornelu yn y corstir a'r tyfiant trofannol ar Ynys Ramree, yng ngorllewin Burma, ar fae Bengal. Roeddan nhw'n disgwyl i'w llynges ddod yno i'w hachub, ond llongau Prydain gyrhaeddodd yno gyntaf. Fe daniwyd arnyn nhw a'u dreifio i'r mwd ac i'r dŵr ac fe styrbiodd y gynnau mawr yr heidiau o grocodeil oedd yn y cyffiniau. Fe arogleuodd y rheini y gwaed yn y dŵr a mynd yn gynddeiriog. O bob cyfeiriad dyma nhw'n cau am y Japaneaid. Allan o'r mil o filwyr dim ond ugain a ddihangodd — rhai wedi'u saethu, rhai wedi boddi, ond y crocodeils oedd wedi cael y mwyafrif. Un o nosweithiau mwyaf ofnadwy y ddynoliaeth.

Ac mi ddywedaf stori arall wrthych chi — llai ofnadwy ond digon rhyfedd. Streic y pobwyr ddaeth â hon i'r cof. 'Stalwm, yr oedd dyn a elwid yn 'fwytäwr pechod' — ac mae'r stori am un o'r rhai diwethaf o'r rhain yn aros yng nghof un neu ddau yn y Waunfawr yng Ngwyrfai. Fe gresid teisen a'ch pechodau chi i gyd wedi'u cynnwys ynddi hi — dyna oedd y syniad. Yna ei gosod mewn man amlwg ar dir anial, ac fe ddeuai'r dyn oedd yn byw'n wyllt mewn lleoedd anghysbell at y deisen a'i bwyta — ac fe âi eich pechodau chi yn rhan ohono fo. Dyna'r bwytäwr pechod — ac yn wir *The Sin Eater* ydi teitl nofel Saesneg a gyhoeddwyd eleni.

Fe fedren ni wneud efo dyn felly y dyddiau hyn, ac nid yn unig i ddibennu streic y bara— a dyw honno ddim yn mynd yn rhy dda — ond i ddileu tipyn ar y ddau bechod mawr arall sy'n prysur danseilio'n cymdeithas ni — gwanc a hunanoldeb.

Roedd hyd yn oed Tom Jackson, cadeirydd yr Undebau, yn protestio yn erbyn galwadau'r aelodau. (Y crocodeils sy'n mynd i'n dinistrio ni i gyd, a dinistrio'u hunain, yn y gors rydan ni wedi ei chyrraedd.) Ninnau'n gweld y chwyddiant yn lleihau; y prisiau'n sefydlogi; y llogau'n gostwng; a chyfoeth Môr y Gogledd ar fin ein gwneud ni i gyd yn gyfoethog. Ymhle mae'r freuddwyd honno heddiw?

Gadewch i mi nodi rhai o benawdau'r wythnos, gan wibio heibio i ben-blwydd Tywysog; ffolineb Tomi Docherty; dagrau Miss World a manion cyffelyb, a'r dyn digywilydd hwnnw a gwynodd nad oedd saith mil o bunnau o iawn yn ddigon am gael sac am gysgu yn ei waith.

Y Farchnad Gyffredin. James Callaghan yn dangos ei ddannedd. Ni, un o'r gwledydd tlotaf, yn gwneud un o'r cyfraniadau mwyaf. Rydan ni dros filiwn o bunnau'r dydd yn ein colled o fod yn aelod, a gormod o'r arian yn mynd i gynnal ffermwyr aneffeithiol Ffrainc a'r Almaen gan greu mynydd o fenyn, môr o win, llyn o laeth. Deuwch, prynwch win a llaeth — heb arian, a heb werth.

Cyflogau. Y Canghellor yn troi tu min at y gweithwyr, a chychwyn efo'r llogau uwch er mwyn mynd â'r codiadau gormodol oddi arnyn nhw, — ac oddi ar bawb, gwaetha'r modd. A'r Cymdeithasau Adeiladu mor wancus â'r gweithwyr.

Gwaith. Adroddiad yn cadarnhau hen destun a hen bregethu yn y fan hyn — na welwn ni waith i bawb byth eto. Cyn bo hir fe fedrir hepgor naw glöwr o bob deg ac ymhen deng mlynedd ar hugain dim ond deg y cant o'r bobol sy'n cynhyrchu heddiw y bydd eu hangen. Peiriannau — nhw sy'n ennill.

Rygbi. Cymru'n boddi yn ymyl y lan — er ei bod wedi gwneud yn well na'r disgwyl.

Y colledion. Fy hen gyfaill, Hugh John Hughes — mab ffarm o Eifionydd, fel minnau. Cyd-letywr pan oeddan ni'n fyfyrwyr. Huw dawel, drefnus, unplyg. Llenor, ieithydd ac ysgolhaig, athro da i blant Ardudwy, stiward cyson yn y Genedlaethol. Mae 'nghyfeillion adre'n myned — gan gynnwys W.S. Gwynn Williams yn ddwy a phedwar ugain oed. Chwarae ar eiriau roedd T. Gwynn Jones yn ei gwpled i'r Ŵyl Gydwladol — nid *Rhyngwladol*, sylwch chi. 'Byd gwyn fydd byd a gano!' Ond nid yr ŵyl fawr hon oedd unig gyfraniad Gwynn. Gyda Hughes a'i Fab a'i gwmni ei hun bu'n un o'r cyhoeddwyr cerddoriaeth olaf yng Nghymru, a'i waith gyda'n halawon gwerin a'n cerddoriaeth draddodiadol o werth mawr iawn. Ar ddamwain y daeth i'r byd cyhoeddi. Byddai'n arfer ciniawa yn Wrecsam gyda Rowland Thomas, perchennog Hughes a'i Fab, ac ef a'i denodd i'r busnes.

Rhwng popeth fuaswn i ddim yn galw hon yn wythnos dda i unrhyw un — ar wahân i'r dyn hwnnw a aeth i gysgu yn ei waith a chwyrnu ei ffordd i ffortiwn.

Allan o 'Dros fy Sbectol' a gyhoeddwyd gan Cyhoeddiadau Mei, Mai 1984

MIL a MWY

Y pumed detholiad
o sgyrsiau
Dros fy Sbectol

John
Roberts
Williams

GWLAD Y GALON
Ionawr 1993

Pe gallwn lywio'r Nefoedd fel Tydi,
Y byd i'w seiliau a faluriwn i
Ac yna llunio newydd fyd a wnawn
Lle caffo'r galon ei dymuniad hi . . .

Dyna adnod — neu bennill — fy nhestun gan mai dyna'r freuddwyd sy'n cyniwair trwy'n gwlad ni a gwledydd byd, a'r pennill sy'n crynhoi'r dyheadau, wedi ei gyfansoddi ym Mhersia naw can mlynedd yn ôl gan Omar Khayyam a'i drosi i'r Gymraeg gan John Morris-Jones ar gyfer ei gyfrol *Caniadau* yn 1907.

Roedd dau beth o leiaf yn gyffredin rhwng y bardd o Gymru a'r bardd o Bersia — roedd y ddau yn fathemategwyr ac yn ymddiddori mewn amser. Omar hefyd yn un o seryddwyr blaena'r ddaear ac wyth mlynedd wedi glaniad y Normaniaid ym Mhrydain fe setlodd faint yn union ydi hyd y flwyddyn. Diddordeb Syr John mewn amser wedi ei gyfyngu i'w hobi fawr — sef clociau.

Daeth Omar a Syr John a Phersia fymryn yn nes at ei gilydd pan oedd Goronwy Roberts — yr Aelod Seneddol Llafur tros Arfon — yn Weinidog yn y Swyddfa Dramor. Pan oedd ar ymweliad swyddogol â'r Shah yn ei blasty yn Tehran fe gyflwynodd gopi o *Ganiadau* John Morris-Jones — lle mae cerdd Omar yn y Gymraeg — yn anrheg i'r teyrn. Ysgwn i beth a ddigwyddodd i'r copi hwnnw wedi i'r Aiatola Homeni ddiorseddu'r Shah gan dynnu i ben frenhiniaeth a barhaodd o'r chweched ganrif Cyn Crist?

Yn y wlad honno a elwir bellach yn Iran fe fu yna hen

lunio newydd fyd. Nid yn unig fe gollodd ei Shah traddodiadol ond hefyd ymwelydd nerthol diweddarach, sef Cwmni Olew B.P. gyda'i fedr anghyffredin i ddarganfod ffynhonnau olew anialdiroedd y wlad, a'u datblygu nhw a'r Cwmni ar raddfa enfawr. Un o'r arloeswyr oedd gŵr o'r enw D'Arcy a phan agorodd B.P. un o'r purfeydd olew cyntaf yn Ewrop — ym Morgannwg — fe alwyd y gwaith, lle cludid olew crai Iran, yn Llandarcy ar ei ôl. Ond yn y byd newydd a luniodd o fe roddodd yr Aiatola derfyn ar elw B.P., un na fanteisiodd gwerin Iran arno o gwbl. Nid bod y newydd fyd hwn yn fêl i gyd chwaith gan i'r wlad gael ei harwain i ryfel yn erbyn ei chymydog Irac am ddarn o dir heb i neb fod yn fawr gwell. Irac hithau'n un o wledydd hynaf y byd. Yma roedd Gardd Eden, meddan nhw, a elwid yn Mesopotamia — y wlad rhwng afonydd: afonydd Babel y bu cenedl Israel yn gaeth ac yn ei dagrau ar ei glannau; a raid i mi mo'ch atgoffa o'r math o newydd fyd a luniodd Saddam Hussein, sy'n olynydd i Nebuchodonosor, yn y wlad honno erbyn hyn.

Iran ac Irac, dwy o wledydd fu'n grud gwareiddiad y Gorllewin yn gorfod addasu eu hunain ar gyfer rhyw newydd fyd, a'u hen ogoniant ymerodrol wedi hen ddiflannu, fel y diflannodd yr haul oddi ar yr ymerodraeth Brydeinig. Nid yr hen draddodiadau yn unig a ddiflannodd chwaith ond y freuddwyd gomiwnyddol fawr newydd hefyd, gan adael Rwsia a Dwyrain Ewrop i ymbalfalu am athroniaeth newydd, economi newydd, byd newydd, a'r cyfan wedi digwydd yn rhy gyflym a rhy sydyn i baratoi ar ei gyfer.

Ystyriwch hefyd beth a ddigwyddodd i Gymru er y

flwyddyn 1907 pan gyhoeddodd John Morris-Jones ei *Ganiadau* — ac yn y gyfrol roedd ganddo nid yn unig ei gân newydd ond ei Gymraeg newydd hefyd — sef yr hen Gymraeg yn ei phurdeb cysefin, ac roedd yna newydd fyd yn wynebu honno hefyd. Roedd y flwyddyn 1907 ar derfyn y diwygiad crefyddol mwyaf a welodd gwerin Cymru oedd â'i thafarndai ynghau ar y Sul — diolch i'r lleisiau gwleidyddol Cymreig oedd yn glywadwy am y tro cyntaf yng nghoridorau llywodraeth Prydain. Yn yr etholiad cyffredinol y flwyddyn cynt ni ddychwelwyd yr un Tori o Gymru i San Steffan, a'r flwyddyn ddilynol roedd Lloyd George yn cyflwyno Cyllideb y Bobl ac yn cychwyn gosod sylfeini'r Wladwriaeth Les: pethau oedd i greu byd newydd ac i barhau am byth.

Ond wnaeth pethau ddim parhau am byth — nid i Lloyd George na Lenin na Hitler nac i Evan Roberts a'r Diwygiad chwaith. Roedd y Llywodraeth Lafur a sefydlwyd wedi'r rhyfel hefyd i barhau am fil o flynyddoedd — ond wnaeth hi ddim.

Heddiw — efo'r arbrawf honno hefyd trosodd — mae yna holi beth bellach ydi sosialaeth a hyd yn oed radicaliaeth; a phwy ydi'r gweithiwr; a galw am raglen newydd, sy'n amgenach a manylach na dim ond sloganau, ar gyfer y byd newydd rydym yn ceisio ei lunio; byd lle caffo'r galon ei dymuniad hi.

Allan o 'Mil a Mwy' a gyhoeddwyd gan Wasg Dwyfor, Mehefin 1996